Wok – vegetarisch und leicht

herausgegeben von Claudia Boss-Teichmann

Sie kochen gern mit dem Wok? Und Sie interessieren sich für die vegetarische Küche? Dann sind Sie hier richtig! Entdecken Sie die Vielfalt der fleischlosen Küche, zubereitet im Universalgenie unter den Töpfen! Im Wok gelingen nicht nur asiatische pfannengerührte Gemüsegerichte – auch raffiniertes Fingerfood und Köstliches aus der Vollwert- oder traditionellen Küche lassen sich darin unkompliziert zubereiten.

Inhalt

Alle Rezepte auf einen Blick

	Seite	kcal je Portion	vegan	schnell	frittiert	scharf	leicht	einfach	preiswert	innovativ
Zuckerschotensalat mit Sesam	10	310	+	+		+	+	+	+	
Pikanter Auberginensalat	12	220				+	+	+	+	
Sprossen-Gemüse-Salat	13	180	+	+			+	+	+	
Würzzwiebeln	14	130	+	+		+	+	+	+	
Gemüseomeletts	15	340		+			+		+	
Wan-Tan-Suppe	16	220					+		+	
Reisnudelsuppe	18	270	+	+			+		+	
Glasnudelsuppe mit Gemüse	19	260	+	+		+	+	+	+	
Kürbissuppe mit Kokossahne	20	75	+				+	+		+
Scharf-saures Gemüse	22	210	+	+		+	+	+		
Mangold-Kartoffel-Curry	23	270	+				+	+	+	
Linsen-Kartoffel-Pfanne	24	410					+	+	+	
Bunter Gemüsetopf mit Ei	26	365		+			+	+	+	
Tofupfanne mit Paprika	27	270	+				+	+		
Quinoa mit Möhren und Kohlrabi	28	680		+				+		+
Chinagemüse mit Reisnudeln	29	390	+		+		+			+
Haferbratlinge mit Maisgemüse	30	640							+	+
Süße Bandnudeln mit Trauben	32	650	+	+				+	+	
Fruchtiger Wildreis	33	560						+		+
Hot-Chili-Pepper-Reis	34	280	+			+	+	+	+	

	Seite	kcal je Portion	vegan	schnell	frittiert	scharf	leicht	einfach	preiswert	innovativ
Wan-Tans mit Spinat-Schafskäse-Füllung	36	480			+		+			+
Wan-Tans mit Mais-Erdnuss-Füllung	37	560					+		+	
Frühlingsrollen mit Currylinsen	38	360			+		+		+	+
Teigtäschchen mit Kokosgemüse	40	360			+		+		+	+
Miniröllchen mit Tofu	41	320			+		+		+	
Gebackener Käsebrokkoli	42	350		+	+		+		+	+
Ausgebackenes Gemüse	44	600			+			+	+	
Frittierte Gemüsenocken	45	510	+		+	+			+	+
Ausgebackene Kartoffelbällchen	46	340	+		+		+			+
Kräuterpuffer	47	210	+				+		+	
Paprika-Schafskäse-Pfanne	48	270		+			+	+		
Fernöstliches Ratatouille	50	220					+	+	+	+
Gemüsekostbarkeiten	51	260	+				+	+		
Pilzragout in scharfer Sauce	52	320		+		+	+	+	+	
Kartoffel-Gemüse-Wok	54	340				+	+	+	+	
Indischer Kokosreis	55	750	+					+	+	+
Gebratener Gemüsereis mit Ei	56	490					+	+		
Nudel-Gemüse-Wok Arrabiata	58	580				+		+	+	
Nudeln mit acht Kostbarkeiten	59	700	+					+		
Gnocchi mit chinesischem Pesto	60	570				+			+	+

Gesundes aus dem Wok

Immer mehr Menschen kommen auf den vegetarischen Geschmack. Ein Wok ist das ideale Werkzeug, um den Beweis anzutreten, dass vegetarische Speisen keineswegs langweilig schmecken müssen. Knackiges Gemüse, frische Kräuter und facettenreiche Gewürzvariationen zünden im asiatischen Multitalent unter den Töpfen und Pfannen ein kulinarisches Feuerwerk an geschmacklicher Vielfalt. Doch kann man sich ohne Fleisch überhaupt optimal mit allen Nährstoffen versorgen? Mehrere wissenschaftliche Studien belegen, dass das Risiko, an typischen Zivilisationskrankheiten wie Herz- und Kreislauferkrankungen, Gicht oder Diabetes zu erkranken, bei Vegetariern geringer ist. Auch Übergewicht tritt seltener auf.

Was Vegetarier beachten sollten

Die Gefahr einer Unterversorgung an Nährstoffen ist nur gering. Dies gilt natürlich nicht für „Pudding-Vegetarier", die sich überwiegend von Keksen, Pommes und süßen Limonaden ernähren. Eine vegane Ernährung, ohne Milchprodukte, Fisch, Fleisch, Eier und Honig, ist nur gesunden Erwachsenen zu empfehlen.

Eine ausreichende **Eisenversorgung** ist für Vegetarier schwieriger als für Mischköstler, denn viele pflanzliche Lebensmittel enthalten wenig Eisen. Zudem wird es aus pflanzlichen Quellen vom Körper schlechter aufgenommen. Doch mit folgenden Tipps können Vegetarier ihre Eisenversorgung verbessern:

• Hülsenfrüchte, Getreide und Möhren sind gute Eisenlieferanten. Trinken Sie ein Glas Orangensaft dazu – dies kann die Ausnutzung pflanzlichen Eisens um das 7fache verbessern.

• Schwarzer Tee und Kaffee hingegen verringert die Eisenresorption um 40–50 %, daher sollte man bis zu 2 Stunden nach dem Essen auf deren Genuss verzichten.

Vegetarier sind mit den meisten Vitaminen und Mineralstoffen gut versorgt, eine Ausnahme können die **Vitamine D und B$_{12}$** bilden, die nur in tierischen Lebensmitteln vorkommen:

• Die beste Vitamin-D-Quelle für Vegetarier sind Pilze. Bewegt man sich pro Tag etwa 30 Minuten an der frischen Luft, kann der Körper unter dem Einfluss von Sonnenlicht das benötigte Vitamin D selbst bilden.

• Vitamin B$_{12}$ wird vom Körper nur in kleinen Mengen benötigt. In Milch und Milchprodukten kommt es in erheblichen Mengen vor. Veganer sollten eine vorbeugende Vitamin-B$_{12}$-Supplementierung erwägen.

Unser Körper braucht zwar kein Fleisch, wohl aber Eiweiß. Dessen Bausteine sind die Aminosäuren, von denen der Körper die so genannten essenziellen Aminosäuren nicht bilden kann. Während Milch und Milchprodukte diese Aminosäuren in einem günstigen Mengenverhältnis enthalten, ist es in Pflanzen nicht ideal. Eine Kombination aus unterschiedlichen pflanzlichen Eiweißlieferanten schafft Abhilfe:

• Günstig sind Hülsenfrüchte plus Getreide (z. B. Linsen und Spätzle); Gemüse plus Hülsenfrüchte plus Nüsse oder Samen

(etwa ein Kichererbsen-Gemüse-Salat mit Sonnenblumenkernen); Gemüse plus Getreide plus Hülsenfrüchte (beispielsweise Vollkornnudeln mit einer Tomaten-Linsen-Sauce) oder Obst plus Getreide plus Nüsse und Samen (z. B. ein Apfel-Vollkorn-Pfannkuchen mit Kürbiskernen). Grundsätzlich gilt auch bei vegetarischer Ernährung: Abwechslung ist Trumpf! Dann brauchen Sie keine Vitamintabellen zu studieren!

Tipps für den Einkauf

Bei Obst und Gemüse gilt: So frisch wie möglich, damit möglichst viele wertvolle Inhaltsstoffe enthalten sind. Wenn Sie wenig Zeit zum Einkaufen haben, ist es besser, auf TK-Ware zurückzugreifen, als das Gemüse tagelang im Kühlschrank liegen zu lassen.

Wenn Sie sich rein vegetarisch ernähren möchten, müssen Sie öfter mal einen Blick auf die Zutatenliste der Verpackung werfen, denn tierische Lebensmittel verbergen sich in Produkten, in denen man sie nicht immer erwartet. Hier nur einige Hinweise, weitere Informationen erhalten Sie bei den Verbraucherzentralen und beim Vegetarier Bund Deutschlands e. V. in Hannover:

- Gelatine wird aus Knochen, Schwarten und anderen Produkten von Schwein und Rind gewonnen. Sie kann etwa in Süßwaren, Joghurt- und Frischkäsezubereitungen sowie Backwaren enthalten sein.

- Fleischextrakt und Rinderfett sind Bestandteil von Nudelsuppen, Speisewürze und Brühwürfeln.

- Hühnerei wird für Teigwaren, Kekse, Milchprodukte wie Milchreis und Fertiggerichte verwendet.

Der Wok: Material und Zubehör

Der Handel hält eine große Vielfalt an Woks bereit – die Qual der Wahl ist groß. Woks aus **Gusseisen** sind ziemlich schwer, aber auch sehr standfest. Sie brauchen relativ lange, bis sie eine hohe Temperatur erreicht haben, speichern die Hitze aber gut. Daher garen die Zutaten immer noch ein wenig nach.

Die dekorativen Woks aus **Edelstahl** sind pflegeleichter als solche aus Gusseisen, werden aber nicht ganz so heiß.

Der Vorteil von **antihaftbeschichteten** Woks liegt in der einfachen Reinigung. Um die Beschichtung nicht zu zerkratzen, sollte man zum Umrühren ausschließlich einen Pfannenwender oder Holzlöffel benutzen. Ein Sandwichboden leitet die Hitze besonders schnell vom Boden an die Wand weiter.

Für welchen Wok Sie sich auch entscheiden: Es empfiehlt sich ein größerer Wok von über

35 cm Ø, denn er erreicht höhere Temperaturen und hält diese besser als ein kleinerer. Auch Gerichte für 1–2 Personen lassen sich in ihm problemlos zubereiten. Praktisch ist ein Wok mit einem langen Stiel: Man kann ihn daran festhalten, ohne dass Fett auf die Hände spritzt. Ein zweiter Griff darf nicht fehlen, um den schweren Wok sicher vom Herd ziehen zu können. Als Zubehör benötigt man einen Pfannenwender zum Rührbraten, ein Dämpfkörbchen und einen Sieblöffel. Wenn Sie direkt aus dem Wok am Tisch servieren wollen, benötigen Sie zum Warmhalten der Speisen einen Rechaud.

Die Pflege

Bei manchen neuen Woks – mit Ausnahme der beschichteten – muss zuerst der schützende Ölfilm entfernt werden. Dazu verwendet man am besten Scheuermilch.

Einen gusseisernen Wok sollten Sie vor dem ersten Gebrauch mit etwas Wasser und Spülmittel auswaschen und danach gut abtrocknen. Erhitzen Sie jetzt etwa 2 EL Öl bis zum Rauchpunkt, verteilen es im Wok, lassen es abkühlen und wischen den Wok dann mit Küchenkrepp aus, bis das Papier nicht mehr schwarz wird. Reiben Sie den Wok danach mit Öl ein. Manche Hersteller empfehlen, einen gusseisernen Wok nach der Benutzung nur mit Küchenkrepp auszureiben und mit heißem Wasser auszuspülen. Es schadet jedoch nichts, wenn Sie etwas Spülmittel ins Wasser geben. Wichtig ist aber auf jeden Fall: Reiben Sie den Wok immer mit Öl ein, bevor Sie ihn in den Schrank stellen, das schützt vor Flugrost. Beschichtete Woks und Edelstahl-Woks werden wie herkömmliche Töpfe gereinigt.

Die Garmethoden

Das **Rührbraten** oder **Pfannenrühren** ist die klassische Garmethode im Wok: Alle Zutaten werden klein geschnitten und in heißem Öl kurz unter Rühren gegart. Wegen der kurzen Garzeit bleiben Aroma, Farbe und Vitamine sehr gut erhalten. Wichtig für ein gutes Gelingen: Der Wok muss sehr heiß sein. Erhitzen Sie ihn zunächst ohne Öl einige Minuten bei mittlerer Temperatur. Dann

die Temperatur auf die höchste Stufe stellen, das Öl hinzufügen und durch Schwenken des Woks verteilen. Erst wenn es leicht zu rauchen beginnt, gibt man die vorbereiteten Zutaten hinzu. Zunächst werden die Zutaten mit der längsten Garzeit, z. B. festes Gemüse wie Möhren oder Kohlrabi, in den Wok gegeben. Angebratenes kann an den Wokrand geschoben oder herausgenommen und später wieder zugegeben werden. Zutaten mit der kürzesten Garzeit kommen zum Schluss in den Wok.

Ganz wichtig: Schneiden Sie die Lebensmittel vor dem Beginn des Garens klein und stellen Sie sie griffbereit parat. Denn Pfannenrühren ist eine Sache von Minuten – hat man die ersten Zutaten ins heiße Fett gegeben, muss alles schnell gehen. Daher sollten Sie auch die Gewürze und Saucen direkt neben den Herd stellen. Es empfiehlt sich, die Zutaten nur ganz knapp bissfest zu garen, denn nachdem man den Wok vom Herd gezogen hat, garen sie noch etwas nach.

Das **Frittieren** funktioniert im Wok genauso wie in einem Kochtopf. Der Vorteil: Dank der unten abgerundeten Form braucht man weniger Öl, je nach Größe des Woks $^1/_2$–$^3/_4$ l. Wichtig dabei ist, dass das Öl eine

Temperatur von 180 °C erreicht, damit sich das Gargut nicht mit Fett vollsaugt. Das Fett ist heiß genug, wenn am Stiel eines hineingetauchten Holzlöffels Bläschen aufsteigen. Geben Sie dann die Zutaten ins Fett, bei größeren Mengen in mehreren Portionen, und frittieren Sie diese unter öfterem Wenden. Die gegarten Lebensmittel können mit einem Schaumlöffel herausgehoben werden und sollten dann auf Küchenkrepp abtropfen. Zum Frittieren geeignet sind nur Fette und Öle, die sich stark erhitzen lassen, also gehärtete Fette wie Kokosfett oder Pflanzenöle wie Erdnussöl. Butter und Margarine sowie kaltgepresste Öle sind ungeeignet, denn sie bilden beim Erhitzen gesundheitsschädliche Stoffe.

Zum **Dämpfen** gibt es spezielle, sehr dekorative Bambuskörbchen. Ein Siebeinsatz, wie er für herkömmliche Töpfe verwendet wird, eignet sich aber ebenso gut zum Dämpfen. Zunächst füllt man den Wok mit einer Flüssigkeitsmenge, die bis knapp unter den Boden des Dämpfeinsatzes reicht, und kocht sie auf. Dann stellt man den Dämpfeinsatz mit den vorbereiteten Zutaten hinein und dämpft diese bei geschlossenem Deckel.

Beim **Schmoren** werden die Zutaten zunächst scharf angebraten, dann gibt man Flüssigkeit hinzu und köchelt das Ganze bei geschlossenem oder offenem Deckel bei milder bis mittlerer Hitze.

Selbstverständlich eignet sich der Wok auch zum **Kochen**, allerdings nur von Suppen. Müssen beispielsweise Reis oder Kartoffeln für ein Wokgericht vorgekocht werden, ist ein Topf die richtige Wahl.

Die Rezepte

Zuckerschotensalat mit Sesam

- vegan
- schnell
- frittiert
- scharf
- leicht
- einfach
- preiswert
- innovativ

Zutaten

50 g Sesam

300 g Sojasprossen ·
300 g Zuckerschoten ·
2 Knoblauchzehen

4 EL Pflanzenöl

1 EL Palmzucker (oder weißer
Zucker) · etwas Salz · etwas
Pfeffer aus der Mühle ·
4 EL Reisweinessig · 3 EL Sojasauce · 2 EL schwarze Bohnenpaste · 100 ml Gemüsebrühe
(Instant)
50 g eingelegte rote Chilischoten
in Scheiben

Für 4 Personen
Zubereitungszeit: ca. 30 Min.
Kühlzeit: ca. 1 Std.
ca. 310 kcal je Portion

Zuckerschoten

Zuckerschoten werden auch Zucker-
erbsen, Mangetout, Kaiser- oder
Schönerbsen genannt. Es handelt
sich um eine Erbsensorte, deren
Schoten keine innere Pergament-
haut haben. Junge, zarte Schoten
schmecken am besten. Wenn die
Schoten sehr groß sind, können Sie
diese mundgerecht quer halbieren
oder dritteln.

Variationen

Die Sesamsamen können
Sie durch Pinienkerne oder
Mandeln ersetzen.
Ergänzen Sie die Zucker-
schoten durch Auberginen
oder Zucchini.

1 Den Wok erhitzen und darin den Sesam
ohne Fettzugabe rösten, bis er anfängt
zu duften. Den Sesam herausnehmen und
für die Garnierung beiseite legen.

2 Sojasprossen und Zuckerschoten
waschen und in einem Sieb abtropfen
lassen. Die beiden Enden der Zuckerschoten
abschneiden, die Knoblauchzehen schälen
und fein würfeln.

3 Den Wok wieder erhitzen und darin das
Pflanzenöl erhitzen. Den Knoblauch kurz
andünsten. Sojasprossen und Zuckerschoten dazugeben.

4 Das Gemüse etwa 5 Minuten anbraten,
dabei umrühren. Mit Palmzucker, Salz,
Pfeffer, Reisweinessig und Sojasauce
würzen. Die Bohnenpaste mit der Gemüsebrühe verrühren, über das Gemüse gießen
und etwa 2 Minuten dünsten. Erneut
abschmecken.

5 Alles in eine Schüssel füllen und etwa
1 Stunde im Kühlschrank ziehen lassen.
Den Zuckerschotensalat auf 4 Teller verteilen. Mit den gerösteten Sesamsamen und
den Chilischeibchen garnieren.

Tipp

Reichen Sie frittierte
Reisbällchen oder
frisches Fladenbrot
zu dem Salat.

Pikanter Auberginensalat

- vegan
- schnell
- frittiert
- + scharf
- + leicht
- + einfach
- + preiswert
- innovativ

Zutaten

2 Auberginen · etwas Salz

3 kleine rote Chilischoten ·
1 Stück Ingwer (etwa 3 cm lang)

6 EL Sonnenblumenöl

300 g Joghurt · 1 Msp. gemahlener Kurkuma · 1 Msp. gemahlener Kreuzkümmel · 3 Knoblauchzehen

Für 4 Personen
Zubereitungszeit: ca. 30 Min.
Kühlzeit: ca. 30 Min.
ca. 220 kcal je Portion

1 Die Auberginen waschen, putzen und in nicht zu dünne Scheiben schneiden. Diese mit etwas Salz bestreuen und 10 Minuten ziehen lassen.

2 Inzwischen die Chilischoten waschen, der Länge nach halbieren, entkernen und in dünne Streifen schneiden. Wenn man nicht mit Haushaltshandschuhen arbeitet, danach sofort die Hände waschen. Den Ingwer schälen, klein würfeln und mit den Chilischoten im Mörser zerreiben. Die Auberginenscheiben mit Küchenkrepp trockentupfen und die Chili-Ingwer-Mischung darauf verteilen.

3 Den Wok erhitzen, das Öl hineingeben und darin die Auberginenscheiben von beiden Seiten knusprig braten. Auf Küchenkrepp abtropfen lassen.

4 Für die Sauce den Joghurt mit den Gewürzen und etwas Salz verrühren. Den Knoblauch schälen und dazupressen. Den Joghurt in einer Schüssel anrichten, die Auberginenscheiben darauf legen und alles etwa 30 Minuten kühl stellen.

Auberginen
Das kalorienarme Gemüse wird auch Eierfrucht genannt und gedeiht vorwiegend im warmen Klima der Mittelmeerregion. Es hat einen nur schwachen Eigengeschmack, weshalb es meist kräftig gewürzt wird, z. B. mit Thymian, Rosmarin und Knoblauch oder – wie in diesem von der Küche des Nahen Ostens inspirierten Rezept – mit Gewürzen wie Kreuzkümmel, Ingwer und Kurkuma.

Zutaten

2 Stangen Lauch ·
4 kleine Möhren · 2 Zwiebeln ·
300 g Sojasprossen

1 EL Sojaöl

2 EL Reisessig ·
2 EL Zitronensaft · etwas Salz

Für 4 Personen
Zubereitungszeit: ca. 20 Min.
ca. 180 kcal je Portion

Sprossen-Gemüse-Salat

1 Den Lauch putzen, in etwa 3 cm lange Stücke und dann in schmale Stifte schneiden und diese waschen. Die Möhren schälen, waschen und ebenfalls in feine Stifte schneiden. Die Zwiebeln schälen und fein würfeln. Die Sojasprossen waschen.

2 Den Wok erhitzen, das Öl hinzugeben und die Zwiebeln darin anbraten. Lauch- und Möhrenstreifen beimengen und kurz mitbraten. Die Sprossen darunter mischen und alles bissfest dünsten.

3 Das Gemüse von der Herdplatte nehmen und mit Essig, Zitronensaft und Salz abschmecken, in eine Schüssel füllen und sofort servieren. Lauwarm schmeckt der Salat am besten.

Tipp
Keimlinge und Sprossen können Sie kaufen oder selbst ziehen. Keimen lassen können nen Sie fast alle Hülsenfrüchte, Getreide, Senf, Rettich und Alfalfa. Wenn Sie Sojakeimlinge ziehen wollen, weichen Sie die gewaschenen Bohnen 12 Stunden in Wasser ein. Danach spülen Sie die Bohnen in einem Sieb unter fließendem Wasser ab und füllen sie in ein Glasgefäß. Bedecken Sie dieses mit einem Tuch und lassen Sie die Bohnen 3–4 Tage bei Zimmertemperatur keimen. Spülen Sie die Keimlinge mehrmals täglich gründlich mit Wasser ab.

vegan ⊕
schnell ⊕
frittiert ⊖
scharf ⊖
leicht ⊕
einfach ⊕
preiswert ⊕
innovativ ⊖

Zutaten

2 EL Maiskeimöl · je 1 TL fein
geriebener frischer Ingwer und
Kurkumapulver · je 1 Prise Ko-
rianderpulver, gemahlener Kreuzkümmel, Zimtpulver, gemahlener
Kardamom, gemahlener Kümmel,
Nelkenpulver, schwarzer Pfeffer
aus der Mühle, gemahlene Fen-
chelsamen, geriebener Muskat
und Salz · 4 große, in Achtel
geschnittene Gemüsezwiebeln

Für 4 Personen
Zubereitungszeit: ca. 30 Min.
ca. 130 kcal je Portion

Würzzwiebeln

- ● vegan
- ● schnell
- ● frittiert
- ● scharf
- ● leicht
- ● einfach
- ● preiswert
- ● innovativ

1 Den Wok erhitzen, das Öl hinzufügen
und darin alle Würzzutaten etwa 1 Minute anbraten. Die Zwiebeln hineingeben und
unter Rühren etwa 5 Minuten braten.

2 Den Wok bedecken und alles bei reduzierter Hitze etwa 15 Minuten schmoren
lassen. Die Zwiebeln sollten weich sein.
Eventuell etwas Wasser beimengen.

Tipp
Reichen Sie zu dieser
Vorspeise Fladenbrot
oder Sesamringe.

Kurkuma
Dieses Gewürz gewinnt man
aus der Wurzel einer tropi-
schen Pflanze der Ingwer-
familie. Die Wurzeln werden
gesäubert, gekocht, getrock-
net und pulverisiert. Kurkuma ist Hauptbestandteil des
Currypulvers und verleiht Ge-
richten eine charakteristische
gelbe Farbe.

Gemüseomeletts

1 Die Zwiebeln schälen und in dünne Streifen schneiden. Die Tomate entkernen und würfeln. Die Zuckerschoten eventuell entfädeln. Die Sprossen kurz abspülen.

2 Den Ingwer fein reiben und den Knoblauch durch die Presse drücken. Die frischen Eier verquirlen. Ingwer und Knoblauch der Eiermasse beimengen. Die Mischung mit Salz und Pfeffer würzen.

3 Den Wok erhitzen, 1 EL Öl hinzufügen und Zwiebeln und Zuckerschoten darin etwa 5 Minuten unter ständigem Rühren braten. Tomaten und Sprossen hinzufügen und kurz mitdünsten. Mit Austern- und Sojasauce würzen und zugedeckt auf der ausgeschalteten Herdplatte stehen lassen.

4 Den Backofen auf etwa 50 °C vorheizen. Im restlichen Öl in einer beschichteten Pfanne nacheinander 4 dünne Omeletts backen. Diese im Ofen warm halten.

5 Die fertigen Omeletts mit dem Gemüse füllen und nach Belieben zu viereckigen Päckchen zusammenlegen.

Tipp
Die vegetarische Austernsauce wird ohne Austernextrakt zubereitet, hat aber trotzdem das charakteristische salzige Aroma. Man bekommt sie in gut sortierten Asienläden.

Zutaten

1 große Zwiebel · 1 Tomate · 100 g Zuckerschoten · 100 g Sojasprossen

1 Stück Ingwer (etwa 1,5 cm lang) · 1 Knoblauchzehe · 6 frische Eier · etwas Salz · etwas schwarzer Pfeffer aus der Mühle

3 EL Pflanzenöl · 2 EL vegetarische Austernsauce · 1 EL Sojasauce

vegan ⊝
schnell ⊕
frittiert ⊝
scharf ⊝
leicht ⊕
einfach ⊝
preiswert ⊕
innovativ ⊝

Für 4 Personen
Zubereitungszeit: ca. 30 Min.
ca. 340 kcal je Portion

Wan-Tan-Suppe

● vegan

● schnell

● frittiert

● scharf

● leicht

● einfach

● preiswert

● innovativ

1 Die Teigplatten zugedeckt auftauen lassen. Die Pilze etwa 20 Minuten in warmem Wasser einweichen.

2 Die Pilze abtropfen lassen, die harten
Stiele entfernen, den Rest klein schneiden. Die Frühlingszwiebel waschen, putzen
und in feine Ringe schneiden. Mit den Mais-
körnern und den Pilzen mischen, mit Pfeffer,
Ingwer und Sojasauce würzen.

3 Die Teigplatten ausbreiten, die Ränder
dünn mit dem angerührten Mehl bestreichen. Jeweils einen gehäuften TL Füllung
darauf setzen, die Ränder hochheben und
über der Füllung in vier Nähten fest zusammendrücken. Es soll eine Art Maultasche
entstehen.

4 Die Brühe im Wok erhitzen und aufkochen. Die Wan-Tans vorsichtig hineingeben und bei milder Hitze etwa 10 Minuten
garen. Die Kresse klein schneiden und kurz
in der Brühe ziehen lassen.

Zutaten

6 TK-Wan-Tan-Blätter ·
5 g getrocknete Mu-Err-Pilze
1 Frühlingszwiebel · 50 g Maiskörner (aus der Dose) · etwas
schwarzer Pfeffer aus der Mühle ·
1 EL fein gehackte Ingwerwurzel ·
1 EL Sojasauce
1 TL Mehl (mit etwas Wasser angerührt) · $^1/_2$ l Gemüsebrühe
(Instant) · 50 g Brunnenkresse

Für 4 Personen
Zubereitungszeit: ca. 45 Min.
Einweichzeit: ca. 20 Min.
ca. 220 kcal je Portion

Tipps
Wan-Tan-Teigplatten werden
aus Eiern und Mehl herge-
stellt. Man kann sie vakuum-
verpackt oder tiefgefroren im
Asienladen oder in gut sortierten Supermärkten kaufen.
Wenn Sie die Suppe etwas
schärfer mögen, geben Sie
zusätzlich eine in Streifen geschnittene Chilischote hinein.

Variation
Falls Sie keine Brun-
nenkresse bekom-
men, können Sie
diese durch Garten-
kresse ersetzen.

Reisnudelsuppe

- ✪ vegan
- ✪ schnell
- ● frittiert
- ● scharf
- ✪ leicht
- ● einfach
- ✪ preiswert
- ● innovativ

Zutaten

200 g Reisnudeln

200 g Blattspinat (oder TK-Blatt-spinat) · 150 g Sojasprossen · 2 Knoblauchzehen

1 EL Pflanzenöl ·
4 EL Sojasauce · etwas Salz ·
etwas Cayennepfeffer

2 EL gehackte Korianderblättchen

Für 4 Personen
Zubereitungszeit: ca. 20 Min.
ca. 270 kcal je Portion

1 Die Reisnudeln in eine Schüssel geben, mit heißem Wasser übergießen, etwa 5 Minuten quellen lassen und abgießen.

2 Inzwischen den Spinat gut waschen und die harten Stiele entfernen. Die Sojasprossen in ein Sieb geben und kurz abspülen. Den Knoblauch schälen und fein hacken.

3 Den Wok erhitzen, das Öl hineingeben und darin den Knoblauch goldgelb braten. 400 ml Wasser, die Sojasauce, das Salz und den Cayennepfeffer hinzufügen und alles zum Kochen bringen. Den Spinat und die Sojasprossen in die Suppe geben und einmal aufkochen.

4 Die Reisnudeln mit der Schere einige Male durchschneiden und in den Wok geben. Die Suppe erneut aufkochen lassen und mit den Korianderblättchen bestreuen.

Tipp
Einen besonderen Pfiff erhält das Gericht, wenn Sie thailändischen Senfspinat verwenden. Das fernöstliche Gemüse erinnert geschmacklich an Chinakohl oder Pak Soi, hat aber einen leicht senfartigen Geschmack. Senfspinat erhalten Sie in Gemüsefachgeschäften und Asienläden. Sie können den Senfspinat durch Chinakohl ersetzen.

Zutaten

80 g Glasnudeln · 20 g getrocknete Tongupilze · 100 g Zuckerschoten · 1 Frühlingszwiebel · 2 kleine rote Paprikaschoten · 2 frische rote Chilischoten · 200 g Möhren

1 l Gemüsebrühe (Instant) · 1 EL fein gehackte Ingwerwurzel · 4 EL vegetarische Austernsauce · 2 EL Sojasauce · 4 EL Reisessig · etwas Szetchuanpfeffer

2 EL Schnittlauchröllchen

Für 4 Personen
Zubereitungszeit: ca. 30 Min.
ca. 260 kcal je Portion

Glasnudelsuppe mit Gemüse

1 Glasnudeln und Tongupilze 20 Minuten getrennt in warmem Wasser einweichen, dann abgießen. Die Zuckerschoten waschen, putzen und schräg halbieren. Die Frühlingszwiebel putzen, waschen und in Ringe schneiden. Die Chilischoten waschen, entkernen und fein hacken. Wenn man nicht mit Haushaltshandschuhen arbeitet, danach sofort die Hände waschen. Die Möhren putzen, schälen, waschen und in dünne Scheiben schneiden.

2 Die Brühe im Wok aufkochen und mit Chilischoten, Ingwer, Austern- sowie Sojasauce, Reisessig und Szetchuanpfeffer würzen.

3 Die Pilze abgießen, die Stiele entfernen, die Pilzköpfe in feine Streifen schneiden und mit dem Gemüse in die Brühe geben. Die Suppe etwa 5 Minuten leicht köcheln lassen.

4 Die Glasnudeln mit einer Schere klein schneiden, in die Suppe geben und alles erneut kurz aufkochen. Mit Schnittlauchröllchen garnieren und servieren.

vegan ⊕
schnell ⊕
frittiert ⊖
scharf ⊕
leicht ⊕
einfach ⊕
preiswert ⊕
innovativ ⊖

Variation
Bei der Gemüsauswahl für die Suppe können Sie sich auch vom saisonalen Marktangebot inspirieren lassen. Wenn Sie einmal keine Zeit zum Einkaufen haben, verwenden Sie einfach Tiefkühlware, z. B. Erbsen, Möhren und Blattspinat.

Kürbissuppe mit Kokossahne

Zutaten

600 g Speisekürbis · 4 kleine
rote Chilischoten · 4 Schalotten
1 EL Szetchuanpfeffer ·
2 unbehandelte Kaffir-Zitronen ·
4 EL vegetarische Austernsauce
800 ml ungesüßte Kokosmilch
(aus der Dose)
4 Zweige Thai-Basilikum

Für 4 Personen
Zubereitungszeit: ca. 35 Min.
ca. 75 kcal je Portion

Kürbis
Mit seinen unterschiedlichen Formen
und Farben bereichert der Kürbis im
Herbst das Angebot der Wochen-
märkte. In unserer Küche spielt der
Riesenkürbis die kulinarische Haupt-
rolle. Wegen seiner Größe wird er
meist in Stücke zerteilt angeboten.
So bereiten Sie ihn für Weiterver-
wendung in der Küche vor: Kratzen
Sie die Kerne mit einem Löffel oder
einem Kugelausstecher heraus und
entfernen Sie dann die harte Schale
mit einem großen, schweren Messer.

1 Vom Kürbis die weichen Faserteile und
die Kerne entfernen, den Kürbis schälen
und das feste Fruchtfleisch in etwa 1 cm
dicke Würfel schneiden. Die Chilischoten
waschen, längs aufschneiden, entkernen
und fein hacken. Wenn man nicht mit Haushaltshandschuhen arbeitet, danach sofort
die Hände waschen. Die Schalotten schälen
und ebenfalls fein hacken.

2 Die Chilischoten und die Schalotten im
Mörser mit dem Szetchuanpfeffer zer-
stoßen. Die Kaffir-Zitronen mit lauwarmem
Wasser abwaschen, trocknen und die Schale abreiben. Den Mörserinhalt mit der Zitro-
nenschale und der Austernsauce zu einer
glatten Paste verrühren.

3 Die Kokosmilch im Wok aufkochen. Die
Austern-Chili-Paste und den Kürbis dazugeben. Alles zugedeckt etwa 10 Minuten bei
schwacher Hitze köcheln lassen, bis der
Kürbis weich ist.

4 Das Thai-Basilikum waschen. Die Blättchen von den Stielen zupfen, nach Belieben grob hacken und zur Suppe geben.

Variationen
Wenn Sie einen weniger in-
tensiven Kokosgeschmack
wünschen, ersetzen Sie die
Hälfte der Kokosmilch durch
Gemüsebrühe. Oder Sie be-
reiten die Suppe mit etwa
800 ml Gemüsebrühe zu und
verfeinern sie mit etwas Sahne oder Crème fraîche.

Scharf-saures Gemüse

● vegan

● schnell

● frittiert

● scharf

● leicht

● einfach

● preiswert

● innovativ

Zutaten

4 Möhren · 1 Bund Frühlingszwiebeln · 400 g Sojasprossen ·
200 g Zuckerschoten · 2 Knoblauchzehen · 1 Stück Ingwer
(etwa 2 cm lang) · 2 kleine rote
Chilischoten

75 ml Sojasauce · 6 EL Reisessig,
(oder Weißweinessig) ·
75 ml Reiswein (oder trockener
Weißwein) · 2 TL Speisestärke ·
etwas schwarzer Pfeffer aus der
Mühle

6 EL Sonnenblumenöl

Für 4 Personen
Zubereitungszeit: ca. 30 Min.
ca. 210 kcal je Portion

1 Die Möhren putzen, schälen, waschen und in feine Scheiben schneiden. Die Frühlingszwiebeln putzen, waschen und in 1 cm breite Stücke schneiden. Die Zucker- schoten waschen und die Endstücke ent- fernen. Die Sojasprossen kalt abspülen und abtropfen lassen. Knoblauch und Ingwer schälen und fein hacken. Die Chilischoten entkernen und in Ringe schneiden. Wenn man nicht mit Haushaltshandschuhen arbei- tet, danach sofort die Hände waschen.

2 Die Sojasauce mit dem Reisessig, dem Reiswein, der Speisestärke und dem Pfeffer verrühren.

3 Den Wok erhitzen, das Öl hineingeben und darin Chili, Knoblauch und Ingwer unter Rühren anbraten. Die Möhrenschei- ben, die Frühlingszwiebeln, die Zuckerscho- ten und die Sojasprossen nacheinander da- zugeben und mitbraten.

4 Die Sauce dazugießen, alles kurz durch- rühren und im geschlossenen Wok etwa 8 Minuten dünsten.

Tipp
Zu dem scharf-sauren Ge- müse schmeckt Basmatireis sehr gut. Kochen Sie dafür 200 g Reis in $1/2$ l leicht ge- salzenem Wasser etwa 20 Minuten. Setzen Sie den Reis auf, bevor Sie mit der Zubereitung der Wokpfanne beginnen.

Zutaten

1 kg Mangold · ¹/₂ kg Kartoffeln ·
200 g Austernpilze ·
2 EL Sonnenblumenöl

2 rote Chilischoten · 2 Stängel
Zitronengras · 2 Knoblauchzehen · 1 Stück Ingwer (etwa
1 cm lang)

2 EL Zucker · 1 EL grüne Currypaste · 1 TL Kurkumapulver ·
4 EL Sojasauce · 800 ml ungesüßte Kokosmilch (aus der Dose)

Für 4 Personen
Zubereitungszeit: ca. 45 Min.
ca. 270 kcal je Portion

Mangold-Kartoffel-Curry

1 Den Mangold in Blätter zerteilen, putzen und die Stiele in feine Streifen schneiden. Die Kartoffeln schälen, waschen und in Würfel von etwa 2 cm Länge schneiden. Die Austernpilze waschen, putzen, in feine Streifen schneiden und in ¹/₂ EL Öl in einer kleinen Pfanne anbraten und beiseite stellen.

2 Die Chilischoten waschen, putzen, entkernen und in Ringe schneiden. Wenn man nicht mit Haushaltshandschuhen arbeitet, danach sofort die Hände waschen. Das Weiße vom Zitronengras sehr fein hacken. Knoblauchzehen und Ingwer schälen und ebenfalls fein hacken.

3 Den Wok erhitzen, das restliche Öl hineingeben und darin Chili, Zitronengras, Knoblauch und Ingwer anbraten. Zucker, Currypaste, Kurkuma und Sojasauce hinzufügen. Die Kokosmilch beimengen und zum Kochen bringen.

4 Kartoffeln und Mangold in die Sauce geben und etwa 15 Minuten kochen. Kurz vor Ende der Garzeit die Pilze dazugeben und erwärmen.

vegan ⊕

schnell ⊖

frittiert ⊖

scharf ⊖

leicht ⊕

einfach ⊕

preiswert ⊕

innovativ ⊖

Mangold
Das nussartig schmeckende Gemüse ist vom Mai bis in den Herbst hinein erhältlich. Es enthält viel Kalium, Magnesium, Jod und Vitamin C. Mangold wirkt beruhigend und fördert die Verdauung.

Linsen-Kartoffel-Pfanne

○ vegan

○ schnell

○ frittiert

○ scharf

● leicht

● einfach

● preiswert

○ innovativ

1 Die Linsen über Nacht in Wasser quellen lassen. Die eingeweichten Linsen in der Gemüsebrühe aufkochen und etwa 30 Minuten bei schwacher Hitze im geschlossenen Topf garen.

2 Die Kartoffeln schälen, in Würfel schneiden und nach 15 Minuten zu den Linsen geben und mitgaren.

3 Die Möhren und den Sellerie waschen und putzen. Die Möhren schälen und würfeln und den Sellerie in Scheiben schneiden.

4 Die Zwiebel schälen und fein würfeln. Die Champignons putzen und je nach Größe halbieren oder vierteln.

5 Den Wok erhitzen, das Öl hineingeben und die Zwiebelwürfel darin andünsten. Die Pilze und die Austernsauce hinzugeben und unter ständigem Rühren etwa 3 Minuten schmoren lassen.

6 Die Möhren und Selleriestücke hinzufügen und weitere 3 Minuten schmoren. Die Linsen und die Kartoffeln unterrühren und die Sahne unterheben.

7 Die Linsenpfanne mit Salz und Pfeffer abschmecken und mit den Kräutern bestreuen.

Zutaten

200 g braune Linsen ·
1 l Gemüsebrühe (Instant)

400 g Kartoffeln

2 Möhren · 4 Stangen Staudensellerie

1 Gemüsezwiebel ·
200 g Champignons

2 EL Maiskeimöl · 4 EL vegetarische Austernsauce

4 EL Sahne · etwas Salz · etwas bunter Pfeffer aus der Mühle ·
2 EL gehackte glattblättrige Petersilie · 2 EL Schnittlauchröllchen

Für 4 Personen
Zubereitungszeit: ca. 45 Min.
Einweichzeit: ca. 12 Std.
ca. 410 kcal je Portion

Variationen
Streuen Sie 4 EL fein geriebenen Gouda auf das fertige Gericht und lassen Sie den Käse bei geschlossenem Deckel schmelzen. Die Sahne können Sie dann weglassen. Wenn Sie keine Zeit zum Einweichen haben, ersetzen Sie die braunen Linsen durch rote: Diese müssen nicht eingeweicht werden und benötigen nur etwa 10 Minuten Garzeit. Allerdings sind sie nicht so ballaststoffreich wie andere Linsensorten, da ihre Schale entfernt wurde.

Bunter Gemüsetopf mit Ei

- vegan
- schnell
- frittiert
- scharf
- leicht
- einfach
- preiswert
- innovativ

Zutaten

200 g Basmatireis · etwas Salz ·
200 g Brokkoliröschen ·
200 g Shiitake-Pilze
2 kleine rote Paprikaschoten ·
100 g Pak Soi (oder Mangold) ·
1 Bund Schnittlauch
2 Tomaten · 4 frische Eier
200 ml Gemüsebrühe (Instant) ·
2 TL Speisestärke · 2 EL helle
Sojasauce · 1 TL Zucker ·
$^1\!/_2$ TL Chilipulver · 2 TL Sojaöl

Für 4 Personen
Zubereitungszeit: ca. 30 Min.
ca. 365 kcal je Portion

1 Den Reis nach Packungsanweisung zubereiten. Den Brokkoli waschen, putzen und die Röschen vierteln. Die Pilze putzen und in feine Streifen schneiden.

2 Die Paprikaschoten und den Pak Soi waschen, putzen, die Schoten entkernen und beides in schmale Streifen schneiden. Den Schnittlauch waschen, in etwa 2 cm lange Röllchen schneiden und beiseite stellen.

3 Die Tomaten über Kreuz einritzen, kurz überbrühen, abschrecken, enthäuten und das Fruchtfleisch klein würfeln. Die Eier mit etwas Salz verquirlen.

4 Für die Sauce die Gemüsebrühe mit Speisestärke, Sojasauce, Zucker und Chilipulver verrühren.

5 Den Wok mit 1 TL Öl auspinseln und erhitzen. Darin die Eiermasse durch Schwenken verteilen und stocken lassen. Mit einem Holzspatel zerteilen, kurz weiterbraten und herausnehmen.

6 Das restliche Öl im Wok erhitzen und den Brokkoli darin 3 Minuten bei starker Hitze braten. Shiitake-Pilze, Paprika und Pak Soi dazugeben und weitere 3 Minuten braten.

7 Die Sauce und die Tomatenwürfel zugeben und 1 Minute mitgaren. Bei etwas reduzierter Hitze die Eier untermischen. Mit Salz abschmecken, mit Schnittlauch bestreuen. Dazu den Reis servieren.

Variation
Sie können den Gemüsetopf gehaltvoller machen, indem Sie die Eier weglassen und 100 g geröstete Cashewkerne vor dem Servieren zugeben.

Zutaten

1 unbehandelte Limette ·
1 kleine, rote Chilischote ·
$1/2$ TL grob geschroteter Pfeffer ·
3 EL Sojasauce

400 g Tofu

je 1 gelbe und grüne Paprikaschote · 1 Zwiebel · 6 EL Sojaöl

2 EL Mehl

etwas Salz · Limettenspalten
zum Garnieren

Für 4 Personen
Zubereitungszeit: ca. 30 Min.
Marinierzeit: ca. 1 Std.
ca. 270 kcal je Portion

Tofupfanne mit Paprika

1 Die Limette heiß abspülen und trocken-
reiben. Die Schale dünn abreiben und
die Frucht auspressen. Die Chilischote längs
aufschneiden, entkernen und in Streifen
schneiden oder würfeln. Wenn man nicht
mit Haushaltshandschuhen arbeitet, danach
sofort die Hände waschen. Limettensaft und
-schale, Chili, Pfeffer und Sojasauce verrühren.

2 Den Tofu abtropfen lassen, zunächst in
etwa $1/2$ cm dicke Scheiben, dann in etwa
2 cm breite Streifen schneiden. Diese in einer Schüssel mit der Marinade beträufeln,
bedecken und etwa 1 Stunde marinieren
lassen.

3 Die Paprikaschoten putzen, entkernen
und in feine Streifen schneiden. Die
Zwiebel würfeln. Den Wok erhitzen, etwa
1 EL Öl hinzufügen und das Gemüse darin
scharf anbraten. Herausnehmen und beiseite stellen.

4 Die Tofustreifen aus der Marinade nehmen, trockentupfen und im Mehl wenden. Die Marinade aufbewahren. Jeweils
1–2 EL Öl im Wok erhitzen und den Tofu
darin portionsweise anbraten. Dann den
ganzen Tofu in den Wok geben, die Marinade dazugießen und alles erhitzen.

5 Die Paprika-Zwiebel-Mischung zum Tofu
geben, vermengen und kurz köcheln lassen. Vor dem Servieren mit etwas Salz abschmecken und mit den Limettenscheiben
garnieren.

Variation
Statt der Paprikaschoten
können Sie auch 750 g
Champignons, 4 kleine
Zucchini oder 1 Stangen-
sellerie verwenden.

vegan ⊕
schnell ⊖
frittiert ⊖
scharf ⊖
leicht ⊕
einfach ⊕
preiswert ⊖
innovativ ⊖

Zutaten

¹/₂ l Gemüsebrühe (Instant) ·
250 g Quinoa (Inkaweizen)

¹/₂ kg Möhren · 2 Kohlrabiknollen
mit zartem Grün · 2 feste Birnen ·
4 TL Zitronensaft

2 Zwiebeln · 6 EL Sonnenblumenöl · etwas schwarzer Pfeffer
aus der Mühle · etwas gemahlener Koriander

150 g Mascarpone · 4 EL grob
gehackte Kürbiskerne

Für 4 Personen
Zubereitungszeit: ca. 30 Min.
ca. 680 kcal je Portion

Quinoa mit Möhren und Kohlrabi

1 Die Brühe in einem Topf aufkochen, die Quinoakörner darin zugedeckt bei milder Hitze etwa 10 Minuten leicht köcheln lassen.

2 Die Möhren und die Kohlrabiknollen putzen, schälen waschen und in feine Streifen schneiden, das Kohlrabigrün hacken. Die Birnen waschen und ohne das Kerngehäuse ebenfalls fein schneiden und mit Zitronensaft beträufeln.

3 Die Zwiebeln schälen und fein würfeln. Den Wok erhitzen, das Öl hinzufügen und die Zwiebeln darin anbraten. Die Möhren- und Kohlrabistreifen unter Rühren etwa 3 Minuten mit anbraten, mit Pfeffer und Koriander abschmecken.

4 Quinoa und die Birnenstreifen untermengen und alles kurz unter Rühren braten. Nach Belieben nachwürzen und auf 4 Teller verteilen. Jede Portion mit einem Klecks Mascarpone versehen und mit Kohlrabigrün und Kürbiskernen bestreuen.

- vegan
- schnell
- frittiert
- scharf
- leicht
- einfach
- preiswert
- innovativ

Quinoa
Das auch als Inkaweizen bekannte Getreide wurde ursprünglich nur in den Anden in einer Höhe über 3000 m kultiviert. Die in Bioläden und Reformhäusern erhältlichen senfkornartigen Körner werden wie Reis zubereitet und schmecken leicht nussig.

Zutaten

2 Möhren · 2 Stangen Lauch ·
2 kleine rote Paprikaschoten ·
250 g Chinakohl · 250 g Brokkoli ·
4 EL Tomatenketchup · 6 EL Sojasauce · 100 ml Gemüsebrühe ·
$^1/_2$ TL Speisestärke · etwas
schwarzer Pfeffer aus der Mühle
etwa $^1/_2$ l Öl zum Frittieren und
Braten · 100 g schmale Reisbandnudeln

Für 4 Personen
Zubereitungszeit: ca. 40 Min.
ca. 390 kcal je Portion

Chinagemüse mit Reisnudeln

1 Möhren, Lauch, Paprikaschoten, Chinakohl und Brokkoli waschen, putzen und
klein schneiden. Tomatenketchup mit Sojasauce, Gemüsebrühe, Speisestärke und
Pfeffer verquirlen.

2 Das Öl im Wok erhitzen. Die Reisnudeln
portionsweise frittieren, bis sie weißlich
aussehen und aufgebläht sind. Mit einer
Schaumkelle herausnehmen und warm
stellen.

3 Das Öl bis auf 3 EL vorsichtig aus dem
Wok abgießen. Den Wok wieder erhitzen
und nach und nach das Gemüse darin anbraten. Die vorbereitete Sauce dazugießen,
alles gut mischen und mit den Nudeln
anrichten.

Variation
Bei der Wahl der Gemüse-
sorten können Sie sich nach
dem jeweiligen jahreszeit-
lichen Angebot richten.
Zuckerschoten, grüne Boh-
nen, Pilze und Blumenkohl
eignen sich sehr gut für dieses Gericht.

vegan ⊕
schnell ⊖
frittiert ⊕
scharf ⊖
leicht ⊕
einfach ⊖
preiswert ⊖
innovativ ⊕

Haferbratlinge mit Maisgemüse

Zutaten

2 Zwiebeln · 1 Stange Lauch ·
4 EL Butter · 650 ml Gemüsebrühe (Instant) · 1 TL Salz ·
1 TL getrockneter Thymian ·
1 EL getrockneter Majoran ·
160 g kernige Haferflocken

3 frische Eier · 2 EL mittel-
scharfer Senf · 1 TL grüne
Pfefferkörner (aus dem Glas) ·
3 EL Schnittlauchröllchen ·
Semmelbrösel

4 EL Olivenöl zum Braten

1 rote Paprikaschote · 850 g junge Maiskörner (aus der Dose)

5 EL Tomatenketchup ·
150 g Crème fraîche ·
1 TL Currypulver · 1 TL Paprikapulver edelsüß · einige Tropfen
Tabasco · 1 Prise Zucker

Für 4 Personen
Zubereitungszeit: ca. 1 Std.
ca. 640 kcal je Portion

Variation
Lecker schmecken auch Linsenbrat-
linge. Hierfür im offenen Topf 200 g
rote Berglinsen mit 1 Lorbeerblatt in
$1/2$ l Gemüsebrühe etwa 30 Minuten
garen. Die Linsen mit 1 gehackten
Zwiebel, 1 gewürfelten Möhre,
2 EL gemischten Kräutern, 2 frischen
Eiern, 100 g Crème fraîche und 3 EL
grobem Hafervollkornschrot vermengen. Mit etwas Salz und Pfeffer würzen. Aus der Masse mit nassen Händen kleine Bratlinge formen. Diese
in Pflanzenöl von jeder Seite 2–3 Minuten braten.

1 Für die Bratlinge 1 Zwiebel schälen und
würfeln. Den Lauch putzen und in feine
Ringe schneiden. 2 EL Butter in einem Topf
erhitzen. Zwiebel und Lauch darin andünsten. Mit $1/2$ l Brühe ablöschen. Salz, Thymian
und Majoran hinzugeben und die Haferflocken einrühren.

2 Den Topf verschließen und alles bei mittlerer Hitze etwa 30 Minuten ausquellen
lassen. Den Topf wieder vom Herd nehmen
und abkühlen lassen.

3 Die Masse in eine Schüssel geben und
mit den Eiern, Senf, Pfefferkörnern und
Schnittlauchröllchen vermengen. So viel
Semmelbrösel einarbeiten, bis die Masse
bindet.

4 Mit feuchten Händen kleine Bratlinge
oder Puffer aus der Masse formen. Öl in
einem Wok erhitzen und die Bratlinge darin
portionsweise goldgelb braten. Auf Küchenkrepp abtropfen lassen und warm stellen.
Den Wok mit Küchenkrepp auswischen.

5 Für das Maisgemüse die restliche Zwiebel schälen und fein würfeln. Die Paprikaschote putzen, entkernen und ebenfalls
würfeln. Den Mais abtropfen lassen. Die
restliche Butter im Wok erhitzen. Zwiebel-
und Paprikawürfel darin glasig werden
lassen.

6 Den Mais dazugeben. Die restliche Brühe
mit dem Ketchup verrühren und die
Mischung angießen. Alles kurz köcheln lassen. Die Crème fraîche unterziehen und das
Gemüse mit Curry, Paprikapulver, Tabasco
und Zucker kräftig abschmecken.

7 Das Maisgemüse auf vier vorgewärmte
Teller verteilen und jeweils einige Hafer-
bratlinge dazulegen.

Zutaten

etwas Salz · 3 EL Sojaöl ·
400 g breite Bandnudeln

40 g gehackte Haselnüsse

400 g kernlose Weintrauben

1 EL Walnussöl (oder neutrales
Pflanzenöl) · 1 P. Vanillezucker ·
2 EL Semmelbrösel

$^1/_2$–1 TL Zimtpulver

Für 4 Personen
Zubereitungszeit: ca. 25 Min.
ca. 650 kcal je Portion

Süße Bandnudeln mit Trauben

- ⊕ vegan
- ⊕ schnell
- ⊖ frittiert
- ⊖ scharf
- ⊖ leicht
- ⊕ einfach
- ⊕ preiswert
- ⊖ innovativ

1 In einem Topf reichlich Wasser mit etwas Salz und 1 EL Sojaöl aufkochen und die Bandnudeln darin nach Packungsanleitung bissfest garen.

2 Inzwischen den Wok erhitzen und die Haselnüsse darin ohne Zugabe von Fett rösten. Die Nüsse auf einen Teller schütten und beiseite stellen.

3 Die Weintrauben waschen, von den Stielen zupfen und abtropfen lassen. Die Nudeln in ein großes Sieb abgießen, mit kaltem Wasser abschrecken und gut abtropfen lassen.

4 Den Wok wieder erhitzen, das restliche Sojaöl und das Walnussöl hineingeben, die Nudeln darin anbraten und mit dem Vanillezucker und den Semmelbröseln bestreuen.

5 Die Trauben zu den Nudeln geben und 1–2 Minuten mitbraten. Alles mit dem Zimtpulver abschmecken. Zum Schluss die gerösteten Haselnüsse untermischen.

Variation
Ersetzen Sie die Weintrauben durch 200 g Rosinen. Da diese sehr süß sind, sollten Sie mit Vanillezucker nur sehr sparsam würzen.

Tipp
Servieren Sie vor dem Hauptgericht einen herzhaften gemischten Salat mit Kräutervinaigrette.

Fruchtiger Wildreis

1 Die Aprikosen in etwa $^1/_2$ cm breite Würfel schneiden, in eine Schüssel geben, mit dem Aprikosensaft begießen und etwa 1 Stunde darin einweichen.

2 Den Reis in einem Sieb mit lauwarmem Wasser so lange abspülen, bis das Wasser klar abfließt. Den Reis abtropfen lassen und mit $^1/_2$ l Salzwasser in einen großen Topf geben. Den Reis zum Kochen bringen und bei schwacher Hitze 40–45 Minuten köcheln lassen, bis er bissfest, aber nicht weich ist.

3 Die Frühlingszwiebeln putzen, waschen und in Ringe schneiden, den Ingwer schälen und fein hacken. Die Paprikaschote halbieren, von Kernen und Stielansätzen befreien und in Streifen schneiden. Die Nüsse hacken.

4 Den Wok erhitzen, 1 EL Öl hineingeben, die Nüsse unterrühren, anrösten und beiseite legen.

5 Das restliche Öl heiß werden lassen und Frühlingszwiebeln und Ingwer darin etwa 3 Minuten unter Rühren braten.

6 Paprika und eingeweichte Aprikosen unterrühren und 5 Minuten garen. Den Reis unterrühren.

7 Den Honig mit der Sojasauce und der Orangenschale verrühren und mit den Nüssen unter die Mischung heben. Sofort servieren.

Wilder Reis
Wilder Reis hat eine wesentlich längere Kochzeit als weißer Reis. Wenn er Ihnen zu teuer ist, ersetzen Sie ihn durch die gleiche Menge einer fertigen Reismischung aus Langkorn- und wildem Reis.

Zutaten

125 g getrocknete, ungeschwefelte Aprikosen · 3 EL Aprikosensaft

300 g Wilder Reis · etwas Salz

2 Frühlingszwiebeln · 1 Stück Ingwer (etwa 2 cm lang) · 1 rote Paprikaschote · 2 EL Haselnusskerne · 40 g Pecannüsse

2 EL Walnussöl

3 EL flüssiger Honig · 3 EL Sojasauce · 1 TL abgeriebene Schale einer unbehandelten Orange

Für 4 Personen
Zubereitungszeit: ca.
1 $^1/_4$ Std.
Quellzeit: ca. 1 Std.
ca. 560 kcal je Portion

vegan ●
schnell ●
frittiert ●
scharf ●
leicht ●
einfach ●
preiswert ●
innovativ ●

Hot-Chili-Pepper-Reis

- vegan
- schnell
- frittiert
- scharf
- leicht
- einfach
- preiswert
- innovativ

Zutaten

2 kleine Chilischoten ·
1 Paprikaschote · 2 Knoblauchzehen · 1 Stück Ingwer (etwa
3 cm lang)

$^1/_2$ Bund Koriander ·
1 Stängel Zitronengras ·
1 EL Pflanzenöl

$^1/_2$ kg gekochter Duftreis
vom Vortag · etwas Salz ·
etwas Pfeffer aus der Mühle ·
$^1/_2$ TL gemahlene Nelken ·
$^1/_4$ TL Chilipulver

Für 4 Personen
Zubereitungszeit: ca. 40 Min.
ca. 280 kcal je Portion

1 Die Chilischoten waschen, Stielansätze entfernen und die Chilischoten mit den Kernen fein würfeln. Wenn man nicht mit Haushaltshandschuhen arbeitet, danach sofort die Hände waschen. Die Paprikaschote waschen, entkernen und in $^1/_2$ cm große Stücke schneiden. Die Knoblauchzehen und den Ingwer schälen und fein würfeln.

2 Den Koriander waschen, trockentupfen, von den Stielen zupfen und fein hacken. Das Zitronengras waschen und in vier Stücke schneiden. Den Wok erhitzen und das Pflanzenöl hinzugeben.

3 Chili, Paprika, Knoblauch und Ingwer unter Rühren andünsten. Den Duftreis hinzufügen und alles gut vermischen. Mit Salz, Pfeffer, Nelken und Chilipulver würzen. Die Zitronengrasstücke auf einer Arbeitsfläche mit einem Fleischklopfer platt klopfen. Diese Stücke mit den Korianderblättchen unter den Reis mischen. Erneut abschmecken und sofort servieren.

Variationen

Dies ist ein hervorragendes Gericht, um Reste gekonnt aufzuwerten: Sie können beispielsweise Gemüsestücke, Mais oder Hülsenfrüchte unter den Reis mischen.
Wenn Sie die Kerne aus den Chilischoten entfernen, wird das Gericht etwas weniger scharf. Sie können die frischen Chilischoten auch durch 2 EL thailändische Currypaste ersetzen, die Sie mit dem Reis anbraten.

Zitronengras

Das stark duftende Zitronengras zeichnet sich durch sein intensives Aroma aus, das sich am besten entfaltet, wenn Sie die Stücke zerquetschen. Beachten Sie bitte, dass die Stücke nur ihren köstlichen Geschmack an das Gericht abgeben sollen, jedoch nicht mitgegessen werden.

Wan-Tans mit Spinat-Schafskäse-Füllung

- vegan
- schnell
- **frittiert**
- scharf
- **leicht**
- einfach
- preiswert
- **innovativ**

Zutaten

24 TK-Wan-Tan-Blätter
(12,5 x 12,5 cm)

400 g Blattspinat · etwas Salz

2 Schalotten · 2 Knoblauchzehen · 1 EL Olivenöl

125 g Schafskäse · 1 frisches Ei ·
2 EL Semmelbrösel · etwas
frisch geriebene Muskatnuss ·
etwas Pfeffer aus der Mühle

³/₄ l Öl zum Frittieren

Für 4 Personen
Zubereitungszeit: ca. 1 Std.
ca. 480 kcal je Portion

1 Die Wan-Tan-Blätter mit einem gut angefeuchteten Küchentuch bedecken und
etwa 30 Minuten auftauen lassen.

2 Inzwischen für die Füllung den Spinat
verlesen, waschen und in Salzwasser
etwa 4 Minuten blanchieren. In einem Sieb
gut ausdrücken und grob hacken.

3 Die Schalotten und den Knoblauch schälen und fein würfeln. Das Olivenöl in einer Pfanne erhitzen und Schalotten und
Knoblauch darin glasig dünsten. Den Spinat
hinzufügen, untermischen und die Pfanne
vom Herd nehmen.

4 Den Schafskäse fein würfeln. Das Ei
trennen. Käse, Eigelb und Semmelbrösel
unter die Gemüsemischung rühren. Alles
mit reichlich Muskat sowie etwas Salz und
Pfeffer abschmecken.

5 Das Eiweiß verquirlen und den Rand
der Wan-Tan-Blätter damit bestreichen.
Nicht benötigte Wan-Tan-Blätter mit einem
feuchten Tuch bedecken, damit sie nicht
austrocknen. Je 1 leicht gehäuften EL Gemüsemischung in die Mitte setzen. Den
Teig über der Füllung zusammendrücken,
sodass kleine Säckchen entstehen. Auf diese Weise 24 Säckchen herstellen.

6 Das Frittieröl im Wok erhitzen, die Teigsäckchen darin portionsweise frittieren
und dann auf Küchenkrepp abtropfen lassen. Dazu schmeckt ein leichter Joghurt-
Knoblauch-Dip.

Tipp
Die Füllung für die
Wan-Tans sollten Sie
gut ausdrücken, da-
mit die Säckchen
nicht durchweichen.

Zutaten

10 g getrocknete Mu-Err-Pilze ·
2 Frühlingszwiebeln · 1 kleine
rote Paprikaschote · 125 g Maiskörner (aus der Dose) · 50 g Erdnusskerne

2 EL fein gehackte Ingwerwurzel · 4 EL Sojasauce · 2 EL Reiswein · etwas Szetchuanpfeffer

40 TK-Wan-Tan-Blätter

Für 4 Personen
Zubereitungszeit: ca. 45 Min.
ca. 560 kcal je Portion

Wan-Tans mit Mais-Erdnuss-Füllung

1 Die Pilze in warmem Wasser 20 Minuten einweichen. Die Frühlingszwiebeln
waschen, putzen und in feine Ringe schneiden. Den Mais und die Mu-Err-Pilze abtropfen lassen, die Pilze ohne die Stiele klein
schneiden. Die Paprikaschote waschen,
putzen und fein würfeln. Die Erdnusskerne
fein hacken.

2 Den Ingwer mit Sojasauce, Reiswein und
Pfeffer verrühren, mit den Pilzen, den
Nüssen und dem Gemüse mischen.

3 Die Teigplatten kurz in kaltem Wasser
einweichen und auf einem feuchten
Küchentuch auslegen.

4 Auf jede Teigplatte 1 gehäuften TL Füllung setzen, die Ränder der Platten
hochnehmen und zusammendrücken, sodass kleine Säckchen entstehen.

5 Die Teigsäckchen nebeneinander in ein
Dampfkörbchen setzen, ohne dass sie
sich berühren, und über Wasserdampf im
geschlossenen Wok etwa 10 Minuten garen.

vegan ⊖
schnell ⊖
frittiert ⊖
scharf ⊖
leicht ⊕
einfach ⊖
preiswert ⊕
innovativ ⊖

Tipps
Reichen Sie zu den
Wan-Tans eine scharf
gewürzte Sojasauce.
Besonders dekorativ
sieht es aus, wenn
Sie die Teigsäckchen
mit je 1 Schnittlauch-
halm zubinden.

Fingertood

Frühlingsrollen mit Currylinsen

Zutaten

16 TK-Wan-Tan-Blätter · 150 ml Gemüsebrühe · 75 g rote Linsen · 2 EL Currypulver

2 Frühlingszwiebeln · etwas Salz · $^1/_2$ TL gemahlener Kreuzkümmel

1 EL Mehl (mit etwas Wasser angerührt) · $^1/_2$ l Öl zum Frittieren

Für 4 Personen
Zubereitungszeit: ca. 45 Min.
ca. 360 kcal je Portion

1 Die Teigplatten zugedeckt auftauen lassen. Für die Füllung die Brühe im Wok aufkochen. Die Linsen und das Currypulver hinzufügen und alles zugedeckt bei milder Hitze etwa 10 Minuten garen.

2 Die Frühlingszwiebeln waschen, putzen, in sehr feine Ringe schneiden und unter die Linsen mischen. Das Gemüse mit Salz und Kreuzkümmel würzen und alles etwas abkühlen lassen.

3 Nach und nach die Teigblätter ausbreiten und die Ränder mit Mehlwasser bestreichen. Die Füllung auf die Teigblätter verteilen, die Teigblätter aufrollen, dabei die Seitenränder nach innen einschlagen. Die Nahtstellen festdrücken. Das Öl im Wok heiß werden lassen und darin die Röllchen portionsweise frittieren.

Tipp
Reichen Sie zu den Frühlingsrollen eine dunkle Sojasauce oder eine Hoisinsauce als Dip. Die letztgenannte wird aus roten Sojabohnen, Knoblauch, Zucker, Chili und Gewürzen hergestellt. Sie schmeckt scharf und leicht süßlich.

Zutaten

16 TK-Wan-Tan-Blätter ·
100 g Chinakohl · 1 Frühlingszwiebel · 25 g geraspelte feste
Kokoscreme · 1 EL vegetarische
Austernsauce · 1–2 EL Sambal
Oelek · etwas schwarzer Pfeffer
aus der Mühle· 1 EL helle Sojasauce

1 EL Mehl (mit etwas Wasser
angerührt) · ¹/₂ l Öl zum Frittieren

Für 4 Personen
Zubereitungszeit: ca. 45 Min.
ca. 360 kcal je Portion

Teigtäschchen mit Kokosgemüse

- vegan
- schnell
- ⊕ frittiert
- scharf
- ⊕ leicht
- einfach
- ⊕ preiswert
- ⊕ innovativ

1 Die Teigplatten zugedeckt auftauen
lassen. Für die Füllung den Chinakohl
und die Frühlingszwiebel waschen, putzen
und in sehr feine Streifen schneiden. Die
Kokoscreme mit Austernsauce, Sambal
Oelek, Pfeffer und Sojasauce glatt rühren
und leicht erwärmen. Das Gemüse darunter
mischen.

2 Nach und nach die Teigblätter ausbreiten
und die Ränder mit Mehlwasser bestreichen. Jeweils 1 gehäuften TL Füllung auf die
Plattenmitte setzen, ein zweites Teigblatt
darüberlegen und rundum andrücken. Mit
einem Glas oder einem runden Ausstech-
förmchen Kreise ausstechen.

3 Das Öl im Wok erhitzen, die gefüllten
Teigtäschen portionsweise darin frittieren und auf Küchenkrepp abtropfen lassen.

Tipp
Zu den Teigtäschchen mit der
leicht süßlich schmeckenden
Füllung passt sehr gut eine
scharfe Sauce, z. B. eine
Chili-Bohnen-Sauce. Sie be-
kommen diese in Asienläden.
Wie alle anderen Würzsaucen
kann sie im Kühlschrank min-
destens 1 Jahr aufbewahrt
werden.

Zutaten

16 TK-Wan-Tan-Blätter ·
1 fein gehackte Knoblauchzehe ·
1 TL geriebene Ingwerwurzel ·
2 EL Sojasauce · 50 g Tofu

1 kleine Möhre · 1 kleine zarte
Stange Lauch

1 EL Mehl (mit etwas Wasser
angerührt) · 1/2 l Öl zum Frittieren

Für 4 Personen
Zubereitungszeit: ca. 45 Min.
ca. 320 kcal je Portion

Miniröllchen mit Tofu

1 Die Wan-Tan-Platten zugedeckt auftauen lassen. Für die Füllung den Knoblauch mit dem Ingwer und der Sojasauce ver-rühren. Den Tofu klein würfeln und darin wenden.

2 Die Möhre waschen, putzen und in sehr feine Streifen schneiden. Den Lauch ebenfalls waschen, putzen und in sehr feine Ringe schneiden. Das Gemüse mit dem Tofu mischen.

3 Nach und nach die Teigplatten ausbrei-ten und die Ränder mit Mehlwasser be-streichen. Jeweils 1 TL Füllung darauf geben, die Teigstücke aufrollen, dabei die Seiten nach innen einschlagen und die Kanten festdrücken.

4 Das Öl im Wok erhitzen, die Röllchen darin portionsweise goldbraun frittieren und auf Küchenkrepp abtropfen lassen.

Tofu
Das eiweißreiche Lebensmit-tel wird aus Sojabohnen her-gestellt, die eingeweicht, ge-mahlen, mit Wasser gemischt und kurz gekocht werden, bevor man sie fest werden lässt. Tofu ist in fester und quarkähnlicher Konsistenz erhältlich. Außerdem bietet der Handel viele Varianten an, z. B. Tofu mit Algen, Kräu-tern oder geräucherten Tofu. Probieren Sie doch einfach mal eine andere Sorte aus.

vegan ⊖
schnell ⊖
frittiert ⊕
scharf ⊖
leicht ⊕
einfach ⊖
preiswert ⊕
innovativ ⊖

Gebackener Käsebrokkoli

- vegan
- schnell
- frittiert
- scharf
- leicht
- einfach
- preiswert
- innovativ

Zutaten

250 g Brokkoli · etwas Salz

70 g Mehl · 1 großes frisches Ei (getrennt) · 2 EL trockener Weißwein · 2 EL fein gehackte glattblättrige Petersilie · 2 EL geriebener Emmentaler · 1 EL Sesamsamen · etwas schwarzer Pfeffer aus der Mühle · etwas Salz

1/2 l Öl zum Ausbacken

Für 4 Personen
Zubereitungszeit: ca. 30 Min.
ca. 350 kcal je Portion

1 Die Brokkolistiele schälen, mit den Röschen in mundgerechte Stücke schneiden, in reichlich Salzwasser etwa 2 Minuten vorgaren und gut abtropfen lassen.

2 Das Mehl mit dem Eigelb und dem Wein glatt rühren und mit Petersilie, Emmentaler, Sesam, Pfeffer sowie Salz würzen. Das Eiweiß steif schlagen und unter den Teig heben.

3 Das Öl im Wok erhitzen. Portionsweise den Brokkoli im Teig wenden und in das heiße Öl geben. Den Brokkoli rundum knusprig ausbacken, mit einer Schaumkelle wieder herausheben und auf Küchenkrepp gut abtropfen lassen.

Tipp
Reichen Sie zum gebackenen Käsebrokkoli einen Joghurtdip, z. B. nach folgendem Rezept: 150 g Vollmilchjoghurt und 150 g Joghurt aus Schafsmilch mit 2 EL Sahne glatt rühren, 1 fein gehackte Zwiebel und 1 durchgepresste Knoblauchzehe unterziehen. Dann 1/2 Bund glattblättrige Petersilie fein hacken und unterheben. Den Dip zum Schluss mit Kräutersalz und etwas gemahlenem Pfeffer aus der Mühle pikant abschmecken.

Variation
Nach diesem Rezept lassen sich auch andere Gemüsesorten zubereiten, z. B. Blumenkohl, Zucchini oder Möhren. Den Emmentaler können Sie durch einen Käse nach Ihrem Geschmack ersetzen, etwa durch Pecorino oder Ziegengouda.

Zutaten

125 g Mehl · 800 ml Sonnenblumenöl · je $^1/_2$ TL gemahlener Kreuzkümmel und Koriander · etwas Cayennepfeffer · etwas Salz

300 g Blumenkohl · 250 g Möhren · 300 g Kartoffeln · 250 g Zucchini · je 1 Bund glattblättrige Petersilie und frische Minze

300 g Sahnejoghurt

Für 4 Personen
Zubereitungszeit: ca. 30 Min.
Ruhezeit: ca. 30 Min.
ca. 600 kcal je Portion

Ausgebackenes Gemüse

- vegan
- schnell
- **frittiert**
- scharf
- leicht
- **einfach**
- **preiswert**
- innovativ

1 Das Mehl in eine Schüssel sieben, in die Mitte eine Vertiefung drücken und in diese 2 TL Öl geben. Mehl und Öl zwischen den Handflächen gleichmäßig verreiben. Die Gewürze untermischen und etwa 125 ml kaltes Wasser hinzufügen. Alles zu einem dünnflüssigen Teig verarbeiten und diesen etwa 30 Minuten ruhen lassen.

2 Das Gemüse putzen und waschen. Den Blumenkohl in Röschen teilen, Möhren, Kartoffeln und Zucchini in dünne Scheiben schneiden. Petersilie und Minze waschen, trockentupfen und die Blättchen abzupfen.

3 Die Minze fein hacken, mit dem Joghurt verrühren und mit Salz und Cayennepfeffer abschmecken. Die Sauce bis zum Servieren zugedeckt kalt stellen.

4 Das restliche Öl zum Frittieren im Wok erhitzen. Das Gemüse und die Petersilienblättchen durch den Teig ziehen und portionsweise im Öl bei mittlerer Hitze goldbraun und knusprig frittieren. Mit einem Schaumlöffel herausheben und auf Küchenkrepp abtropfen lassen. Das Gemüse mit der Minzsauce servieren.

Tipp
Fertige Gemüseportionen halten Sie am besten im Backofen bei 100 °C warm.

Zutaten

je 100 g Zucchini, Möhren,
Brokkoli und Kartoffeln ·
2 Knoblauchzehen · 1 Stück
Ingwer (etwa 1 cm lang)

200 g Kichererbsenmehl
(oder Weizenmehl) · 1 TL flüssige
Butter · 1 TL Chilipulver · je ½ TL
Salz und gemahlener Kurkuma

1 l Pflanzenöl

Hot Chilisauce (Fertigprodukt)
zum Dippen

Für 4 Personen
Zubereitungszeit:
ca. 1 ½ Std.
ca. 510 kcal je Portion

Frittierte Gemüsenocken

1 Das Gemüse putzen und waschen. Möhren und Kartoffeln schälen und in grobe Stücke schneiden. Die Knoblauchzehen und den Ingwer schälen. Alles in der Küchenmaschine fein pürieren.

2 Das Kichererbsenmehl mit 125 ml lauwarmem Wasser und der Butter mit dem Knethaken eines elektrischen Handrührgeräts zu einem Teig verarbeiten. Das Gemüsepüree und die Gewürze unter den Teig mischen.

3 Das Pflanzenöl im Wok heiß werden lassen. Mit 2 Teelöffeln etwa 25 Nocken abstechen und diese portionsweise im Öl von allen Seiten goldgelb backen. Die Löffel zwischendurch in kaltes Wasser tauchen. Die Nocken mit einem Schaumlöffel herausnehmen und auf Küchenkrepp abtropfen lassen.

4 Die Gemüsenocken auf Teller verteilen und je ein Schälchen mit Chilisauce dazureichen.

Pakorhas
Dieses Rezept ist den indischen Gemüsebällchen, den Pakorhas, nachempfunden. In Indien wird kurz vor der Teestunde das Pflanzenöl nochmals erhitzt, und die fertigen Pakorhas werden erneut kurz frittiert, um sie heiß zu servieren.

Variation
Sie können diese Nocken auch mit vielen anderen Gemüsesorten zubereiten: Lauch, Auberginen, Zwiebeln, Frühlingszwiebeln usw.

vegan ●
schnell ●
frittiert ●
scharf ●
leicht ●
einfach ●
preiswert ●
innovativ ●

Zutaten

100 g Zuckerschoten · 600 g mehlig kochende Kartoffeln · 4 Frühlingszwiebeln

etwas Salz · 1 EL gehackte Korianderblättchen · je etwas gemahlener Kurkuma, Kardamom
und geriebene Muskatnuss ·
2 TL Garam masala

$^1/_2$ l Maiskeimöl zum Frittieren ·
4 EL Kichererbsenmehl

Für 4 Personen
Zubereitungszeit: ca. 1 Std.
ca. 340 kcal je Portion

Ausgebackene Kartoffelbällchen

+ vegan
- schnell
+ frittiert
- scharf
+ leicht
- einfach
- preiswert
+ innovativ

1 Die Zuckerschoten waschen, die Enden
entfernen und in wenig Wasser etwa
10 Minuten garen, dann abgießen und fein
würfeln. Parallel dazu die Kartoffeln in der
Schale gar kochen, schälen und noch warm
zerstampfen oder durch die Kartoffelpresse
drücken. Die Frühlingszwiebeln putzen, waschen und sehr fein hacken.

2 Zuckerschoten, Frühlingszwiebeln, Salz,
Korianderblättchen, Kurkuma, Karda-
mom, Muskatnuss und Garam masala zum
Kartoffelbrei geben und alles gut verrühren.
Aus der Masse mit angefeuchteten Händen
etwa 20 kleine Bällchen formen.

3 Das Öl im Wok erhitzen. Die Bällchen im
Mehl wälzen und im heißen Öl goldbraun
ausbacken.

Tipps
Sie können die Kartoffelbällchen
auch mit anderem Gemüse zubereiten, z. B. Zucchini, Möhre oder Sellerie. Schneiden Sie das Gemüse dafür
sehr klein.
Servieren Sie als Dip zu den Kartoffelbällchen einen mit Knoblauch ab-
geschmeckten Joghurt.

Garam masala
Garam masala ist eine Ge-
würzmischung aus Nord-
indien. Sie besteht meist
aus Kreuzkümmel, Koriander,
Kardamom, Nelken, Lorbeer-
blättern und Zimt.

Kräuterpuffer

1 Die Kartoffeln schälen und auf einer Rohkostreibe grob in eine Schüssel reiben. Kräuter und Gewürze hinzufügen und alles mit den Händen gut vermengen. Wenn der Kartoffelteig zu wässrig ist, diesen mit etwas Mehl binden. Aus dem Teig mit bemehlten Händen Puffer formen.

2 Ausreichend Öl im Wok erhitzen und die Puffer darin bei mittlerer Hitze von beiden Seiten knusprig braun braten. Auf Küchenkrepp abtropfen lassen und mit Oreganozweigen garnieren.

Zutaten

9 Kartoffeln · 4 EL frische, gehackte Kräuter (Schnittlauch, Petersilie, Kerbel, Thymian, Basilikum, Rosmarin) · 2 Msp. gemahlene Muskatblüte · etwas Salz · etwas schwarze, grob zerstoßene Pfefferkörner · Mehl nach Belieben

6 EL Öl zum Ausbraten · einige Zweige Oregano zum Garnieren

Für 4 Personen
Zubereitungszeit: ca. 30 Min.
ca. 210 kcal je Portion

vegan +
schnell −
frittiert −
scharf −
leicht +
einfach −
preiswert +
innovativ −

Tipps

Verwenden Sie für die Kartoffelpuffer mehlig kochende Kartoffeln. Diese zeichnen sich durch einen hohen Stärkegehalt aus und ergeben einen gut bindenden Teig.
Reichen Sie zu den Puffern einen cremigen Kräuterquark: 500 g Magerquark mit 1 EL Mineralwasser und 2 EL Crème fraîche glatt rühren und mit frischen, gehackten Kräutern nach Wahl abschmecken.
Veganer können die Kartoffelpuffer mit einer Tomatensauce ergänzen.

Paprika-Schafskäse-Pfanne

- vegan
- **schnell**
- frittiert
- scharf
- **leicht**
- **einfach**
- preiswert
- innovativ

Zutaten

je 1 große rote, gelbe
und grüne Paprikaschote ·
1 Gemüsezwiebel · 2 Knoblauchzehen · 200 g Schafskäse

2 EL Olivenöl ·
$^1/_2$ TL getrockneter Rosmarin ·
2 TL getrockneter Thymian

100 g schwarze Oliven
(entsteint) · etwas Salz · etwas
schwarzer Pfeffer aus der Mühle

Für 4 Personen
Zubereitungszeit: ca. 25 Min.
ca. 270 kcal je Portion

1 Die Paprikaschoten halbieren, putzen, waschen, entkernen und in mundgerech-te Stücke schneiden. Die Gemüsezwiebel schälen und grob würfeln. Die Knoblauch-zehen schälen und in feine Scheiben schnei-den. Den Schafskäse mit einer Gabel in grobe Stücke zerteilen.

2 Den Wok erhitzen und das Öl hineinge-ben. Die Paprikastücke und die Zwiebel-würfel dazugeben und alles unter Rühren 3–4 Minuten bei mittlerer Hitze braten. Den Knoblauch und die getrockneten Kräuter zum Schluss zugeben und kurz mitbraten.

3 Den Schafskäse mit den Oliven zum Paprikagemüse geben und alles kurz erhitzen, bis der Käse zu schmelzen be-ginnt. Das Gericht mit etwas Salz und reichlich Pfeffer abschmecken.

Feta

Als Feta werden Käse bezeichnet, die in einer Salzlake reifen und sal-zig-säuerlich schmecken. Der origi-nal griechische Schafskäse wird aus Schafsmilch hergestellt. Der bei uns erhältliche Feta ist dagegen oft aus Kuhmilch zubereitet.
Für das vorliegende Rezept sollten Sie nach Möglichkeit einen echten griechischen Schafskäse verwenden, der zwar meist etwas teurer ist als Feta aus Kuhmilch, aber einen kräf-tigeren Geschmack hat.

Tipps

Sie können den Schafskäse durch geräucherten Tofu er-setzen. Schneiden Sie 250 g Tofu in Würfel und braten Sie diese mit den Paprikastücken und den Zwiebeln im Wok an. Geben Sie zusätzlich 1 EL Öl in die Pfanne.
Zu dem Paprikagemüse schmecken Pellkartoffeln. Auch ein knuspriges Stan-genbrot macht die Mahlzeit komplett.

Zutaten

3 Zucchini · 4 Auberginen ·
200 g braune Champignons ·
4 Knoblauchzehen · 1 Stück
Ingwer (etwa 2 cm lang) ·
2 Frühlingszwiebeln

200 ml Gemüsebrühe (Instant) ·
125 ml Tomatensauce ·
4 EL trockener Sherry ·
4 EL gezuckerte Bohnensauce ·
2 EL vegetarische Austernsauce ·
1 EL Sesamöl · 1 EL Rotweinessig ·
1/2 TL chinesische Chilisauce

2 EL Olivenöl

3 Zweige frischer Koriander

Für 4 Personen
Zubereitungszeit:
ca. 45 Min.
ca. 220 kcal je Portion

Fernöstliches Ratatouille

- vegan
- schnell
- frittiert
- scharf
- leicht
- einfach
- preiswert
- innovativ

1 Das Gemüse putzen und waschen. Die Zucchini in dünne Stifte schneiden. Die Auberginen klein würfeln. Die Champignons in Scheiben schneiden. Knoblauch und Ingwer fein hacken und die Frühlingszwiebeln in Ringe schneiden.

2 Gemüsebrühe, Tomatensauce, Sherry, Bohnensauce, Austernsauce, Sesamöl, Rotweinessig und Chilisauce verrühren und beiseite stellen.

3 Den Wok erhitzen, das Olivenöl hineingeben und darin Knoblauch, Ingwer und Frühlingszwiebeln unter ständigem Rühren etwa 4 Minuten anbraten.

4 Zucchini, Auberginen und Champignons unterrühren. Die vorbereitete Sauce darüber gießen und gut verrühren. Die Hitze reduzieren und das Ratatouille zugedeckt etwa 15 Minuten köcheln lassen.

5 Den Koriander unter kaltem Wasser abspülen und trockentupfen. Die Blättchen von den Stielen zupfen, in Streifen schneiden und kurz vor dem Servieren über das Ratatouille streuen.

Bohnensauce
Bohnensauce ist eine braune Paste, die aus fermentierten gelben Sojabohnen, Weizenmehl, Salz und Wasser besteht. Es gibt sie gezuckert oder scharf in Asienläden.

Tipp
Servieren Sie zum Ratatouille körnig gekochten Reis. Auch Nudeln oder Baguette schmecken gut dazu.

Zutaten

je 7 Tongu- und Wolkenohrpilze ·
50 g getrocknete Tofustreifen

1 Zwiebel · 2 Knoblauchzehen ·
2 Möhren · 1 Stange Lauch ·
1 kleiner weißer Rettich · 1 Stück
Bleichsellerie · je 100 g Lotuswurzeln, Bambus- und Sojasprossen

4 EL Erdnussöl

125 ml Gemüsebrühe (Instant) ·
je 3–4 EL Sojasauce, Pflaumen-
sauce und Essig · etwas Salz ·
etwas Pfeffer aus der Mühle ·
je 1 Prise Cayennepfeffer und
Zucker · 4 EL Schnittlauchröllchen

Für 4 Personen
Zubereitungszeit: ca. 45 Min.
Quellzeit: ca. 45 Min.
ca. 260 kcal je Portion

Gemüsekostbarkeiten

1 Pilze und Tofu getrennt mit heißem Wasser übergießen. Pilze etwa 45 Minuten,
den Tofu etwa 30 Minuten quellen lassen.

2 Inzwischen die Zwiebeln und den Knoblauch schälen und fein hacken. Möhren,
Lauch und Rettich putzen, waschen und in
feine Streifen schneiden. Den Sellerie ebenfalls putzen und würfeln. Die Lotuswurzeln
in mundgerechte Stücke teilen. Die Keimlinge verlesen.

3 Den Wok erhitzen, das Öl hinzufügen
und Zwiebeln und Knoblauch darin braten. Möhren, Lauch, Sellerie und Rettich dazugeben und alles unter Rühren braten.

4 Lotuswurzeln, Soja- und Bambusspros-
sen in den Wok geben und weitere
4–5 Minuten unter Rühren braten. Gemüsebrühe, Würzsaucen und Essig darunter-
rühren und alles aufkochen lassen. Das
Gemüse mit den Gewürzen abschmecken
und mit Schnittlauch bestreuen. Mit Kleb-
reis und Sojasauce servieren.

Lotuswurzel
Die dekorative, im Wasser wachsen-
de Lotuswurzel wird in den Küchen
Asiens auf vielfältige Weise verarbeitet: Aus den Staubblättern kocht
man Tee, die Samen werden als
Knabbereien verzehrt oder zu Süßig-
keiten verarbeitet und die Blätter
werden z. B. als Hülle verwendet, um
darin Fleisch zu garen. Am häufigs-
ten kommt die Wurzel zum Einsatz.
In China ist sie Zutat von Pfannenge-
richten, in Indien wird sie in pürier-
ter Form gereicht. Bei uns ist die Lotuswurzel meist nur als Konserve zu
kaufen. Frische Wurzeln müssen vor
der Verarbeitung geschält werden.

vegan ✚
schnell ➖
frittiert ➖
scharf ➖
leicht ✚
einfach ✚
preiswert ➖
innovativ ➖

Pilzragout in scharfer Sauce

- ⊖ vegan
- ⊕ schnell
- ⊖ frittiert
- ⊕ scharf
- ⊕ leicht
- ⊕ einfach
- ⊕ preiswert
- ⊖ innovativ

1 Die getrockneten Pilze in warmem Wasser etwa 20 Minuten einweichen. Die Champignons putzen, mit einem Tuch abreiben und in dünne Scheiben schneiden. Den Knoblauch schälen und fein würfeln. Die Frühlingszwiebeln putzen, waschen und in Ringe schneiden.

2 Das Einweichwasser der Pilze durch ein feines Sieb abgießen und beiseite stellen. Die Stielansätze der Wolkenohrpilze abschneiden und wegwerfen, die Hüte in Streifen schneiden.

3 Den Wok erhitzen, Öl und Butter hineingeben und darin den Knoblauch und das Weiße der Frühlingszwiebeln unter Rühren glasig dünsten. Die Pilze hinzufügen und unter Rühren etwa 2 Minuten braten. Dann 2 EL der Einweichflüssigkeit, Reiswein, Thymian, Chilisauce, drei Viertel des Frühlingszwiebelgrüns, Salz und Pfeffer hinzugeben. Alles unter Rühren weitere 3 Minuten garen.

4 Die Crème fraîche unterheben und die Sauce etwas eindicken lassen. Die Pilze mit den restlichen Frühlingszwiebeln und den Chilistreifen bestreut servieren. Dazu passen Basmatireis oder Eierbandnudeln.

Zutaten

je 50 g getrocknete Wolkenohr- und getrocknete Steinpilze · 800 g Champignons · 2 Knoblauchzehen · ¹/₂ Bund Frühlingszwiebeln

1 EL Olivenöl · 1 EL Butter · 100 ml Reiswein · 2 TL Thymianblättchen · 1 TL asiatische Chilisauce · etwas Salz · etwas Pfeffer aus der Mühle

125 g Crème fraîche · Chilistreifen zum Garnieren

Für 4 Personen
Zubereitungszeit: ca. 30 Min.
ca. 320 kcal je Portion

Wolkenohrpilze
Diese asiatischen Pilze wachsen auf Bäumen und sind auch unter dem Namen chinesische Pilze oder Mausohrpilze bekannt. Sie haben wenig Eigengeschmack, nehmen aber dafür sehr gut die Aromen der Gewürze auf, mit denen sie gegart werden.

Variation
Ergänzen Sie das Pilzragout mit 200 g in Scheiben geschnittenen Möhren. Sie werden zusammen mit dem weißen Teil der Frühlingszwiebeln angebraten.

Kartoffel-Gemüse-Wok

- ● vegan
- ● schnell
- ● frittiert
- ● scharf
- ● leicht
- ● einfach
- ● preiswert
- ● innovativ

Zutaten

³/₄ kg Kartoffeln · ³/₄ kg Wirsing
2 Gemüsezwiebeln · 2 große
Fleischtomaten · 1 Stück Ingwer
(etwa 4 cm lang) · 1 EL scharfes
Currypulver · 1 TL gemahlener
Kreuzkümmel · 1 TL Zimtpulver ·
1 Msp. Cayennepfeffer · 1 TL Salz
2 EL Sojaöl

400 ml Gemüsebrühe (Instant) ·
125 g saure Sahne

Für 4 Personen
Zubereitungszeit: ca. 35 Min.
ca. 340 kcal je Portion

1 Die Kartoffeln schälen und würfeln. Den Wirsing von den äußeren Blättern befreien, waschen und vierteln, den Strunk entfernen und den Wirsing in feine Streifen schneiden.

2 Die Zwiebeln schälen, halbieren und in dünne Streifen schneiden. Die Tomaten über Kreuz einritzen, kurz überbrühen, abschrecken, enthäuten und in Stücke schneiden. Den Ingwer schälen und fein würfeln. Alle Gewürze mit dem Salz vermischen.

3 Den Wok erhitzen, das Öl hinzufügen und darin Kartoffeln, Zwiebeln und Wirsing bei starker Hitze unter Rühren etwa 5 Minuten anbraten. Die Gewürzmischung dazugeben und weitere 2 Minuten braten.

4 Tomaten, Gemüsebrühe und saure Sahne zum Kartoffelgemüse geben, die Hitze etwas reduzieren und alles zugedeckt etwa 13 Minuten garen.

Variation
Ersetzen Sie den Wirsing durch Pak Soi. Dieses auch als chinesischer Weißkohl bezeichnete Gemüse ähnelt dem Mangold und hat einen leicht senfartigen Geschmack. Kleine Pak Soi-Köpfe sind am zartesten.

Zutaten

200 g feste Kokosnusscreme ·
600 ml Gemüsebrühe (Instant) ·
250 g Langkornreis · 4 Stangen
Lauch · 4 Möhren
4 EL Öl · 2 TL fein gehackte
Ingwerwurzel · 6 EL Mandelstifte ·
1 1/2 TL gemahlener Kreuzkümmel · 6 EL Rosinen
etwas Cayennepfeffer · etwas
Salz

Für 4 Personen
Zubereitungszeit: ca. 45 Min.
ca. 750 kcal je Portion

Indischer Kokosreis

1 Die Kokosnusscreme raspeln und mit der Gemüsebrühe in einem Topf aufkochen. Den Reis darin zugedeckt in knapp 20 Minuten garen. Inzwischen Lauch und Möhren putzen, waschen und in dünne, lange Streifen schneiden.

2 Den Wok erhitzen, das Öl hinzufügen und darin den Ingwer und die Mandeln unter Rühren anrösten. Das Gemüse hineinrühren und mit anbraten, dann den Kreuzkümmel und die Rosinen untermengen.

3 Den Reis dazugeben und alles unter Rühren einige Minuten braten. Mit Cayennepfeffer und Salz abschmecken.

Tipp
Reichen Sie dazu einen Chinakohl-salat. Besonders erfrischend schmeckt er, wenn Sie ihn mit Orangenfilets kombinieren.

vegan ⊕
schnell ⊖
frittiert ⊖
scharf ⊖
leicht ⊖
einfach ⊕
preiswert ⊕
innovativ ⊕

Gebratener Gemüsereis mit Ei

Zutaten

250 g Duftreis (oder Langkornreis)

250 g thailändischer Brokkoli (oder Mangold) · 1/2 Salatgurke · 2 Tomaten

1 Zwiebel · 2 Knoblauchzehen

4 EL Öl · 2 frische Eier · 6 EL vegetarische Austernsauce · 1 EL Sojasauce · 2 EL Zucker · etwas schwarzer Pfeffer aus der Mühle

3 Zweige Koriander

Für 4 Personen
Zubereitungszeit: ca.
1 1/4 Std.
ca. 490 kcal je Portion

Tipp
Dieses Reisgericht wird gern als Beilage serviert. Möchten Sie daraus eine komplette Mahlzeit machen, braten Sie etwa 250 g in Würfel geschnittenen Tofu mit.

1 Den Reis in ein Sieb geben und unter kaltem Wasser abspülen, bis das Wasser klar abfließt. Den Reis mit 1/2 l Wasser bei starker Hitze zum Kochen bringen. Die Hitze auf die niedrigste Stufe herunterschalten. Sobald der Reis nicht mehr köchelt, diesen zugedeckt bei niedriger Hitze etwa 15 Minuten ziehen lassen.

2 Den Brokkoli putzen, waschen und in 3 cm breite Streifen schneiden. Die Gurke und die Tomaten waschen. Die Gurke in Scheiben schneiden. Die Tomaten von den Stielansätzen befreien und achteln.

3 Die Zwiebel und die Knoblauchzehen schälen. Die Zwiebel halbieren und in schmale Streifen schneiden. Den Knoblauch fein hacken.

4 Den Wok erhitzen, 2 EL Öl hinzufügen und darin Zwiebeln und Knoblauch dünsten. Den Brokkoli hineingeben und etwa 5 Minuten bei geringer Hitze dünsten. Gurken und Tomaten zugeben und unter Rühren erhitzen. Die Pfanne vom Herd nehmen. Die Eier in einer Schüssel aufschlagen und mit 3 EL Wasser verquirlen.

5 Die restlichen 2 EL Öl in einem anderen Wok oder einer Pfanne erhitzen und den Reis darin kurz anbraten.

6 Den Reis von der Herdplatte nehmen, die verquirlten Eier dazugießen, in etwa 3 Minuten stocken lassen und dann gut mit dem Reis vermengen, sodass die gestockte Eiermasse auseinander fällt. Die Eier-Reis-Mischung zum Gemüse geben und mit Austernsauce, Sojasauce, Zucker und Pfeffer abschmecken. Alles unter Rühren erhitzen.

7 Den Koriander waschen und trockentupfen. Die Blättchen von den Stielen zupfen und auf den Reis streuen.

Nudel-Gemüse-Wok Arrabbiata

- vegan
- schnell
- frittiert
- **scharf**
- leicht
- **einfach**
- **preiswert**
- innovativ

1 Die Spaghetti in reichlich kochendem Salzwasser nach Packungsanleitung bissfest garen und in einem Sieb abtropfen lassen. Die Zucchini waschen, Stielenden entfernen und die Frucht in kleine Stücke schneiden. Die Zuckerschoten waschen, Stielenden entfernen und die Schoten nach Belieben quer halbieren.

2 Zwiebel und Knoblauchzehen schälen und fein würfeln. Die Chilischoten waschen, entkernen und fein würfeln. Wenn man nicht mit Haushaltshandschuhen arbeitet, danach sofort die Hände waschen. Den Wok heiß werden lassen und das Pflanzenöl darin erhitzen. Zwiebel-, Knoblauch- und Chiliwürfel hineingeben und andünsten. Zucchini und Zuckerschoten 2 Minuten mitbraten. Die Tomaten klein schneiden und mit dem Saft in den Wok geben.

3 Alles mit Salz, Pfeffer und Gewürzmischung würzen. Die Spaghetti mit dem Olivenöl mischen und nur noch zum Erhitzen locker unter das Tomatengemüse heben. Die Oliven untermischen und alles auf 4 vorgewärmte Teller verteilen. Mit Pecorino bestreuen.

Variationen
Veranstalten Sie doch einmal eine Wok-Nudelparty. Stellen Sie dazu verschiedene gekochte Nudeln, klein geschnittenes Gemüse, Fleisch- und Fischstreifen und Garnelen rund um den Wok. Jeder Gast wählt seine Zutaten aus und einer der Gastgeber bereitet daraus ein Gericht. Vergessen Sie nicht, alle Gewürze griffbereit zu haben.

Tipp
Zu diesem Nudelgericht passen ofenfrisches Bruschetta und gemischter Salat. Ein italienischer Wein darf natürlich auch nicht fehlen.

Für Gäste

Nudeln mit acht Kostbarkeiten

Zutaten

100 g breite Reisbandnudeln ·
je 5 g getrocknete Tongu- und
Mu-Err-Pilze · 30 g Ginkgo-Nüsse
(aus der Dose) · 30 g Lotusfrüchte (aus der Dose) · 30 g Litschis
(aus der Dose) · je 3 getrocknete
Datteln und Pflaumen

2 Frühlingszwiebeln · 2 EL Öl ·
2 zerdrückte Knoblauchzehen ·
2 EL Cashewkerne

etwas schwarzer Pfeffer aus der
Mühle · 3–4 EL Sojasauce ·
2 TL Sesamöl

vegan ✚
schnell ➖
frittiert ➖
scharf ➖
leicht ➖
einfach ✚
preiswert ➖
innovativ ➖

1 Die Reisnudeln nach Packungsanweisung in heißem Wasser quellen lassen. Die Tongu- und Mu-Err-Pilze etwa 20 Minuten in warmem Wasser einweichen, das Wasser abschütten und die Pilze ohne die Stiele grob zerkleinern. Ginkgo-Nüsse, Lotusfrüchte und Litschis abtropfen lassen. Datteln und Pflaumen entsteinen und halbieren.

2 Die Frühlingszwiebeln putzen, waschen und in dünne, schräge Ringe schneiden. Den Wok erhitzen, das Öl hinzugeben und die Frühlingszwiebeln, den Knoblauch und die Cashewkerne hineinrühren und kurz anbraten.

3 Die restlichen vorbereiteten Zutaten einrühren, zuletzt die abgetropften Nudeln untermischen. Alles mit Pfeffer und Sojasauce abschmecken und vor dem Servieren mit Sesamöl beträufeln.

Für 4 Personen
Zubereitungszeit: ca. 45 Min.
Einweichzeit: ca. 20 Min.
ca. 700 kcal je Portion

Variation
Statt mit Reisbandnudeln
kann das Gericht auch mit
100 g Reis zubereitet werden.
Der Reis wird gegart und
zum Schluss unter die anderen Zutaten im Wok gehoben.

Für Gäste

Gnocchi mit chinesischem Pesto

- vegan
- schnell
- frittiert
- **scharf**
- leicht
- einfach
- **preiswert**
- **innovativ**

1 Für die Gnocchi die Kartoffeln bürsten und in der Schale etwa 25 Minuten weich kochen. Die Kartoffeln sofort schälen und noch heiß durch eine Kartoffelpresse drücken.

2 Das Püree mit dem Mehl und 1 TL Salz zu einem geschmeidigen Teig kneten. Wenn der Teig klebrig ist, noch etwas Mehl hinzugeben. Den Teig zu fingerdicken Rollen formen. Diese in etwa 2 cm lange Stücke schneiden und mit einer Gabel etwas flach drücken. Die Gnocchi etwa 15 Minuten ruhen lassen.

3 Inzwischen für das Pesto Knoblauch und Ingwer schälen, fein hacken, mit dem Olivenöl mischen und beiseite stellen. In einem zweiten Gefäß Sojasauce, Sesamöl, Reisessig, Zucker, Chilisauce und Orangenschale mischen. Das Basilikum waschen, trockentupfen, die Blättchen abzupfen und grob hacken.

4 Die Gnocchi in reichlich Salzwasser bei schwacher Hitze etwa 5 Minuten garen. Das Wasser darf nicht kochen. Die Gnocchi herausnehmen und abtropfen lassen.

5 Den Wok erhitzen, die Olivenöl-Mischung hineingeben und die Gnocchi hinzufügen. Die Sojasaucen-Mischung untermengen, alles unter Rühren kurz erwärmen und das Basilikum unterheben. Die Gnocchi auf Tellern anrichten und mit Parmesan bestreuen.

Zutaten

1 kg mehlig kochende Kartoffeln
250 g Mehl · etwas Salz
3 Knoblauchzehen · 1 Stück Ingwer (etwa 2 cm lang) · 3 EL Olivenöl · 3 EL helle Sojasauce · 1 EL dunkles Sesamöl · 1 EL japanischer Reisessig · 1 EL brauner Zucker · 1/2 TL asiatische Chilisauce · 1/2 TL abgeriebene Schale einer unbehandelten Orange · 1 Bund Basilikum
80 g Parmesan, gehobelt

Für 4 Personen
Zubereitungszeit: ca. 1 Std.
ca. 570 kcal je Portion

Variationen
Wenn Sie in einem Asienladen das aromatische Basilikum aus Thailand finden, sollten Sie zugreifen und dieses Gericht damit zubereiten. Die Gnocchi können auch durch gekochte Nudeln, etwa Spaghetti, Penne oder Farfalle, ersetzt werden.

Alphabetisches Rezeptverzeichnis

Rezeptverzeichnis nach Kapiteln

Im FALKEN Verlag sind zahlreiche Titel zum Thema „Essen und Trinken" erschienen.

Sie erhalten sie überall dort, wo es Bücher gibt.

Sie finden uns im Internet: **www.falken.de**

Dieses Buch wurde auf chlorfrei gebleichtem und säurefreiem Papier gedruckt.

Der Text dieses Buches entspricht den Regeln der neuen deutschen Rechtschreibung.

Impressum

ISBN 3 8068 2831 8

© 2001 by FALKEN Verlag in der Verlagsgruppe FALKEN/Mosaik, einem Unternehmen der Verlagsgruppe Random House GmbH, 65527 Niedernhausen/Ts.

Umschlagkonzeption: Martina Eisele, München
Umschlaggestaltung: Digital Design GmbH Borgers, Hünstetten
Layout: Johannes Steil, Wiesbaden
Redaktion: Sigrid Blank, Dirk Katzschmann und Olaf Rappold (red.sign, Stuttgart)
Koordination und Schlussredaktion: Bettina Snowdon (FALKEN Verlag)
Herstellung: Ramona Burkart (FALKEN Verlag) und red.sign, Stuttgart
Weitere Fotos auf dem Umschlag: Die Bilder auf der Umschlaginnenseite vorne wurden dem FALKEN Verlag freundlicherweise von der Herausgeberin und dem Fotografen zur Verfügung gestellt. **FALKEN Archiv: A. Schliack**: Umschlagklappe, hinten, innen, li. o., li. M., li. u./**W. Feiler**: re. o., re. M. und re. u.
Rezeptfotos und weitere Fotos im Innenteil: Amos Schliack, Hamburg: S. 5–17, 21, 23, 27–31, 35, 36, 39–43, 45–47, 51, 53 und 55–61/**FALKEN Archiv: K. Arras**: S. 33, 44 und 50/**M. Brauner**: S. 18, 22, 32 und 49/**R. Schmitz**: S. 1, 19, 25, 26, 37 und 54
Satz: red.sign, Stuttgart
Reproduktion: Lithotronic, Frankfurt
Druck: Druckhaus Cramer, Greven

817 2635 4453 6271